中国工程院院士
是国家设立的工程科学技术方面的最高学术称号,为终身荣誉。

中国工程院院士传记

秦裕琨传

吉 星 何芯菲 著

一生强国梦

人民出版社

哈尔滨工业大学出版社

内容提要

本书是我国热能工程领域先行者和奠基人之一、哈工大"八百壮士"杰出代表秦裕琨院士的个人传记,通过大量的采访、翔实的文字资料、丰富的图片,生动再现了他成长求学、教书育人、科研攻关等经历。他生在战乱年代,少时立志工业强国,为这个目标殚精竭虑、孜孜以求。他将科研成果用于工程实践,在服务国家重大需求、促进能源结构转型和国民经济发展等方面做出了积极贡献。秦裕琨院士的经历具有典型的时代印记,他的科学思想和精神影响了能源领域一大批的生力军。

图书在版编目(CIP)数据

秦裕琨传:一生强国梦 / 吉星,何苾菲著.——哈尔滨:哈尔滨工业大学出版社,2022.11
(中国工程院院士传记系列丛书)
ISBN 9978-7-5603-9889-1

Ⅰ.①秦… Ⅱ.①吉… ②何… Ⅲ.①秦裕琨-传记 Ⅳ.①K826.16

中国版本图书馆CIP数据核字(2021)第269448号

秦裕琨传:一生强国梦
QIN YUKUN ZHUAN:YISHENG QIANGGUO MENG

策划编辑	李艳文 范业婷
责任编辑	苗金英 王晓丹 付中英 孙 迪
出版发行	哈尔滨工业大学出版社
社　　址	哈尔滨市南岗区复华四道街10号 邮编150006
传　　真	0451-86414749
网　　址	http://hitpress.hit.edu.cn
印　　刷	哈尔滨市石桥印务有限公司
开　　本	787毫米×1092毫米 1/16 印张21.5 字数276千字
版　　次	2022年11月第1版 2022年11月第1次印刷
书　　号	ISBN 978-7-5603-9889-1
定　　价	138.00元

(如因印刷质量问题影响阅读,我社负责调换)

中国工程院院士传记丛书

编撰出版工作领导小组
顾　　问：宋　健　徐匡迪　周　济
组　　长：李晓红
副组长：钟志华　蒋茂凝　邓秀新　辛广伟
成　　员：陈建峰　徐　进　唐海英　梁晓捷
　　　　　黄海涛

编辑和审稿委员会
主　　任：钟志华　蒋茂凝　邓秀新
副主任：陈鹏鸣　徐　进
成　　员：葛能全　唐海英　吴晓东　黎青山
　　　　　赵　千　陈姝婷　侯　春

编辑出版办公室
主　　任：赵　千
成　　员：侯　春　徐　晖　龙明灵　张　健
　　　　　方鹤婷　姬　学　高　祥　何朝辉
　　　　　宗玉生　张　松　王小文　张秉瑜
　　　　　张文韬　聂淑琴

秦裕琨在哈工大博物馆讲述哈工大往事

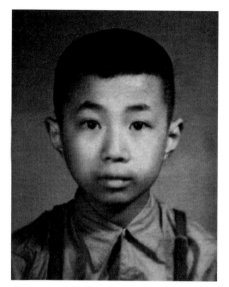
幼年时期的秦裕琨

学生时期的秦裕琨

青年时期的秦裕琨

中年时期的秦裕琨

壮年时期的秦裕琨

退而不休的秦裕琨

秦裕琨在办公室

秦裕琨在指导学生（1999年）

秦裕琨在国家工程实验室指导学生

秦裕琨与学生畅谈国家能源前景

秦裕琨(右三)在办公室与学生谈话

秦裕琨（右四）为学生党支部讲党课

秦裕琨在实验室指导学生（央视新闻视频截图）

秦裕琨和形势与政策党支部签订共建协议

秦裕琨为师生讲党课

秦裕琨（左一）、梁维燕（左二）、林尚扬（右二）等中国老科学技术工作者协会专家委员会委员在休息室

秦裕琨（前排右四）参加哈尔滨锅炉厂技术发展战略委员会首次会议

秦裕琨（左一）、蔡鹤皋（左二）等在洛阳中信重工机械股份有限公司考察

秦裕琨（右三）和黄文虎（左三）一起启动科普月活动

秦裕琨（左四）在哈工大二校区出席庆祝教师节晚会并接受学生献花

秦裕琨与少先队员在一起

秦裕琨与小朋友合影

秦裕琨（前排右四）在哈工大二校区同"正能量宣讲团"部分成员合影

2017年8月8日秦裕琨（右三）与王雨三（左二）、谭铭文（左三）、竺培国（右二）等老科学技术工作者出行

2022年7月2日,秦裕琨受聘哈尔滨工业大学大中小学思政教育一体化研究中心专家顾问

2022年8月2日,秦裕琨在哈工大一校区参加暑期院士座谈会,为学校新百年发展献计献策

秦裕琨在哈尔滨电视台一楼大厅观看风尚人物展览

秦裕琨（左一）在哈尔滨工业大学行政楼接受中央电视台记者采访

秦裕琨（中）与邱朋华（左）、孙飞（右）等人参加"2018感动哈尔滨年度人物（群体）颁奖典礼"

1982年10月29日秦裕琨（第三排左三）父亲九十大寿

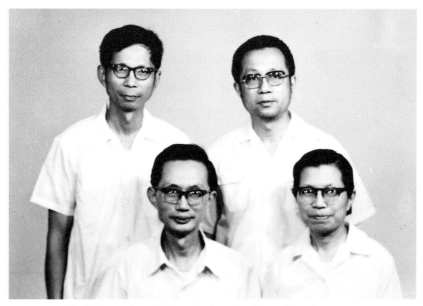

1985年秦裕琨（后排右一）与大姐秦裕瑶（前排右一）、大哥秦裕琛（前排左一）、二哥秦裕琏（后排左一）在上海合影

2018年4月29日秦裕琨（左一）和大姐秦裕璠（左二）、大哥秦裕琛（左三）、二哥秦裕琏（右二）、二嫂周梅（右一）在天津聚会合影留念

秦裕琨在家中书房

2001年夏天秦裕琨在大连旅游，和孙子秦宗华一起做游戏

2001年夏天秦裕琨在大连旅游，和妻子许映珍在船上一起看海

2018年11月5日秦裕琨和妻子许映珍、儿子秦江、儿媳赵敏、孙女秦宗绮在扬州瘦西湖

全家合影

总　序

　　20世纪是中华民族千载难逢的伟大时代。千百万先烈前贤用鲜血和生命争得了百年巨变、民族复兴，推翻了帝制，肇始了共和，击败了外侮，建立了新中国，独立于世界，赢得了尊严，不再受辱。改革开放，经济腾飞，科教兴国，生产力大发展，告别了饥寒，实现了小康。工业化雷鸣电掣，现代化指日可待。巨潮洪流，不容阻抑。

　　忆百年前之清末，从慈禧太后到满朝文武开始感到科学技术的重要，办"洋务"，派留学，改教育。但时机瞬逝，清廷被辛亥革命推翻。五四运动，民情激昂，吁求"德、赛"升堂，民主治国，科教兴邦。接踵而来的，是18年混战、14年抗日和4年解放战争。恃科学救国的青年学子，负笈留学或寒窗苦读，多数未遇机会，辜负了碧血丹心。

　　1928年6月9日，蔡元培主持建立了中国近代第一个国立综合性科研机构——中央研究院，设理化实业研究所、地质研究所、社会科学研究所和观象台四个研究机构，标志着国家建制科研机构的诞生。20年后，1948年3月26日遴选出81位院士（理工53位，人文28位），几乎都是20世纪初留学海外、卓有成就的科学家。

　　中国科技事业的大发展是在新中国成立以后。1949年11月1日成立了中国科学院，郭沫若任院长。1950—1960年有2500多名留学海外的科学家、工程师回到祖国，成为大规模发展中国科技事业的第一批领导骨干。国家按计划向苏联、东欧各国派遣1.8万各类科技人员留学，全都按期回国，成为建立科研和现代工业的骨干力量。高等学校从新中国成立初期的200所增加到600多所，年招生增至28万人。到21世纪初，高等学校2263所，年招生600多万人，科技人力总资源量超过5000万人，具有大学本科以上学历科技人才达1600万人，已接近最发达国家水平。

新中国成立60多年来，从一穷二白成长为科技大国。年产钢铁从1949年的15万吨增加到2011年的粗钢6.8亿吨、钢材8.8亿吨，几乎是8个最发达国家（G8）总年产量的2倍。20世纪50年代钢铁超英赶美的梦想终于成真。水泥年产20亿吨，超过全世界其他国家总产量。中国已是粮、棉、肉、蛋、水产、化肥等第一生产大国，保障了13亿多人口的食品和穿衣安全。制造业、土木、水利、电力、交通、运输、电子通讯、超级计算机等领域正迅速逼近世界前沿。"两弹一星"、高峡平湖、南水北调、高公高铁、航空航天等伟大工程的成功实施，无可争议地表明了中国科技事业的进步。

党的十一届三中全会以后，实行改革开放，全国工作转向以经济建设为中心。加速实现工业化是当务之急。大规模社会性基础建设，大科学工程、国防工程等是工业化社会的命脉，是数十年、上百年才能完成的任务。中国科学院张光斗、王大珩、师昌绪、张维、侯祥麟、罗沛霖等学部委员（院士）认为，为了顺利完成中华民族这项历史性任务，必须提高工程科学的地位，加速培养更多的工程科技人才。中国科学院原设的技术科学部已不能满足工程科学发展的时代需要。他们于1992年致书党中央、国务院，建议建立"中国工程科学技术院"，选举那些在工程科学中做出重大的、创造性成就和贡献、热爱祖国、学风正派的科学家和工程师为院士，授予终身荣誉，赋予科研和建设任务，请他们指导学科发展，培养人才，对国家重大工程科学问题提出咨询建议。中央接受了他们的建议，于1993年决定建立中国工程院，聘请30名中国科学院院士和遴选66名院士共96名为中国工程院首批院士。于1994年6月3日，召开了中国工程院成立大会，选举朱光亚院士为首任院长。中国工程院成立后，全体院士紧密团结全国工程科技界共同奋斗，在各条战线上都发挥了重要作用，做出了新的贡献。

中国的现代科技事业比欧美落后了200年。虽然在20世纪有了巨大进步，但与发达国家相比，还有较大差距。祖国的工业化、现代化建设，任重道远，还需要有数代人的持续奋斗才能完成。况且，世界在进步，科学无止境，社会无终态。欲把中国建设成科技强国，屹立于世界，必须持续培养造就数代以千万计的优秀科学家和工程师，服膺接力，担当使命，开拓创新，更立新功。

中国工程院决定组织出版"中国工程院院士传记"丛书，以记录他们对祖国和社会的丰功伟绩，传承他们治学为人的高尚品德、开拓创新的科学精神。他们是科技战线的功臣，民族振兴的脊梁。我们相信，这套传记的出版，能为史书增添新章，成为史乘中宝贵的科学财富，俾后人传承前贤筚路蓝缕的创业勇气、魄力和为国家、人民舍身奋斗的奉献精神。这就是中国前进的路。

宋健

2012年6月

前　言

习近平总书记在给哈尔滨工业大学建校百年的贺信里，高度评价哈工大"打造了一大批国之重器"。实事求是地讲，这其中也少不了秦裕琨院士的成就和贡献——在煤炭安全、高效、清洁燃烧领域形成了世界领先的技术流派。可当大家谈到这些时，他却谦逊地说："一个人看到自己的贡献很容易，看到别人干的很难，更看不到的是，我之所以干成这些事，党、国家和集体付出了多少！"

已经89岁的老党员秦裕琨，至今仍未完全进入退休状态。了解他的人都说，秦老师就是一团熊熊燃烧的烈火，始终把党和人民的利益放在首位；他燃烧了自己的青春，为祖国科教事业照亮前进的道路，为后辈能源人带来温暖与能量。的确，秦裕琨既是燃烧领域的先行者和大家，也是教育创新与改革的先锋；既是一位富于创新精神的人民教师，也是一位成功的教育管理专家。他为了实现自己一生的强国梦，一直不曾停歇地去追求，去奋斗……

秦裕琨出生于1933年，从小在上海法租界长大，经历了"身处中国的土地却与外国人不平等"和"国民党接收上海之后的腐败"。那时政府无能，时局动荡，民生寥落。上海解放后，物价的稳定和社会风气的好转等让包括秦裕琨一家在内的中国人看到一个崭新的政权——中国真正有了希望。国家和民族的不幸激发了他的强国梦想，考大学时"工业强国"成为他的不二选择。

1953年,我国第一个五年计划正式实施,国家急需大量人才,特别是需要培养一批重工业部门工程师和理工学院师资。哈工大承担起了这一历史重任,被确定为全国学习国外高等教育办学模式的两所样板大学之一,吸引着一批又一批热血青年。这一年9月的一天,天蒙蒙亮,刚从交通大学机械系毕业不久的秦裕琨,坐了三天四夜的火车,第一次来到哈尔滨,从此扎根东北、爱国奉献、艰苦创业,开始了斗志昂扬的圆梦之旅。

秦裕琨来哈工大读师资研究生,原本是要继续学机械设计,然而上完一年俄语预科后,学校研究决定抽调他跟随新来的苏联锅炉专家马克西莫夫学习。"锅炉专业以前听都没听过,但我想既然学校设置了这个专业,说明是党和国家需要的,只要党和国家需要,就应该去学,没说的!"虽然打乱了之前的安排,但他依然高高兴兴地改了行。1954年秋,在苏联专家的帮助下,哈工大一群平均年龄只有20多岁的青年学者在我国率先创建了锅炉、热力涡轮机、水力机械3个专业。这群年轻人里就有21岁的秦裕琨。

随着招生规模的不断扩大,哈工大急需壮大教师队伍。1955年春季学期,研究生在读的秦裕琨正式成为"小教师",开始奋斗在教书育人的最前线。以秦裕琨等人为代表的青年教师,就是日后声名显赫的哈工大"八百壮士"。他们是新中国成立以来广大许党报国知识分子特别是科技知识分子的一个缩影。他们为哈工大乃至全国高等教育创设了一批新兴学科,解决了国家工业化建设的"燃眉之急"。

秦裕琨连续为锅炉专业本科生和相关专业的研究生讲授"锅炉与锅炉房"课程时,自己还在学习过程中,他总担心自己学不好,讲不明白。压力虽大,但干劲十足,为了丰富教学内容,他熬夜看俄文原版教材、整理苏联专家笔记、准备讲义……没有正规教材,秦裕琨"自力更生"投入巨大精力去撰写,经过一年多的努力，终于在1959年完成初稿，并由学校油印出版。

20世纪60年代初，国家抓教材建设，这本内部教材被选中并于1963年由中国工业出版社正式出版，这就是中国锅炉专业课程的第一本国家统编教材《蒸汽锅炉的燃料、燃烧理论及设备》。这一年，他30岁。

后来，秦裕琨相继出版的5部著作，大多也是燃烧领域的开山之作。通过著书立说，他不仅及时把握国内外科研动态，还真切地做到了理论联系实际，为人才培养、科学研究、服务社会打下了坚实基础。

近70年来，秦裕琨始终以党和国家的需求为己任，一直将科研方向与国计民生紧密相连。他针对安全、稳定供电/供热重大民生需求，设计制造出了我国第一台自然循环热水锅炉，实现了世界首例大型煤矸石流化床锅炉稳定燃烧；针对电站锅炉高效低负荷稳燃关键问题，首创"风包粉"浓淡煤粉燃烧技术及装备；围绕难燃煤种安全高效燃烧以及污染物深度控制难题，相继发明了中心给粉旋流、宽煤种直流、W火焰多次引射分级以及墙式布置水平燃料分级等燃烧技术……他高瞻远瞩地说："能源与环境将是困扰我们中国经济发展的最大难题，中国的能源科技工作者就要研究中国的能源问题，我们国家的能源以燃煤为主，我们不研究煤研究什么？我们要关注国际趋势和热点，但更重要的是解决我们自己的问题。总跟在别人后面跑绝对不行！"

"学就学好，干就干好；有所为，无所求。"秦裕琨一心一意为党和人民服务，始终坚守自己的初心使命。2001年2月，身为我国热能工程领域奠基人之一的他，参加了在人民大会堂举行的国家科学技术奖励大会，从时任国务院总理朱镕基手里接过国家技术发明奖二等奖证书。也就是在这一年，他当选为中国工程院院士。2006年教师节前夕，他被中国教科文卫体工会全国委员会授予"全国师德标兵"称号,颁奖词称"他以其深邃的洞察力、敏锐的触觉和孜孜以求的精神取得了科研、教学以及行政工作上的累累硕果,他容纳百川的胸怀和无欲则刚的本色更是给同事和学生树立了榜样"。他所在团队2006年曾获黑龙江省研究生优秀导师团队,所在党支部2019年被评为全国党建"双创"工作样板支部。

"没有接班人的事业不叫事业。"无论做普通教师,还是担任学校领导,秦裕琨都强调立德树人、科研报国。他说,只有培养出更加优秀的杰出人才,党和国家的教育科研事业才有希望。进入新世纪后,考虑到人才培养和梯队建设,秦裕琨逐步退居二线,转为更多地支持中青年教师的工作。

在一次研究所会议上,秦裕琨曾语重心长地说:"我们搞科研要有长远眼光,要'吃着碗里的,看着盆里的,想着锅里的'。"从学科建设的长远规划上,他提出了近、中、远期的发展目标和计划,带领团队致力于研究低氮氧化物排放煤粉燃烧等前沿技术,并且更多着眼于年轻人的发展。2015年,他直接参与、弟子李争起负责的"高性能中心给粉旋流煤粉燃烧技术"项目获国家技术发明奖二等奖。

近五年,在"蓝天保卫战""煤炭清洁利用及节能技术"等国家规划下,秦裕琨带领团队继续深化煤炭的清洁高效利用及污染物控制技术研究,发明的墙式切圆水平燃料分级燃烧技术,获2017年黑龙江省科学技术奖技术发明类一等奖;发明的异相双循环层燃NO_x超低排放控制技术,获2018年中国特种设备检验协会科学技术一等奖。他还带领团队完成了多次引射W火焰煤粉燃烧技术与装备,在高效燃烧、安全运行的前提下,实现更低氮氧化物排放,成果获2020年黑龙江省科学技术奖技术发明一等奖。鉴于秦裕琨的突出贡献,根据《黑龙江省科学技术奖励》规定, 经黑龙江省人民政府批准,他被授予2021年度黑龙江省最高科学技术奖。

秦裕琨的战略目光始终与时俱进，面向未来。而在聊到往昔的时候，他也曾开玩笑地说道："把我这一生比作一部电视剧，再恰当不过了！"他喜欢将自己放在重大的历史背景中去谈论。的确，他们这一代人的经历可谓"前无古人，后无来者"。中国历史上没有任何一代人能像他们这样，以近百年的时间历经一次又一次天翻地覆的变革。个人小我融入人民大我，一生梦想献给党和祖国。在这些变革中，秦裕琨的强国梦和报国心历久弥坚。

目　录

第一章　家世与早年经历 …………………………（001）

　　秦少游后人 …………………………………………（003）

　　国仇家恨 ……………………………………………（009）

　　民何以安 ……………………………………………（012）

　　上海解放 ……………………………………………（014）

　　仁厚家风 ……………………………………………（017）

第二章　沪上求学生涯 ……………………………（021）

　　在家门口上幼儿园和小学 …………………………（023）

　　中学时代 ……………………………………………（029）

　　报考交通大学 ………………………………………（031）

　　大学生活 ……………………………………………（033）

　　经历院系调整 ………………………………………（041）

　　提前一年毕业 ………………………………………（043）

第三章　在哈工大"国内留苏" ……………………（045）

　　一路向北 ……………………………………………（047）

　　哈尔滨工业大学 ……………………………………（051）

　　预科时光 ……………………………………………（055）

过语言关 ………………………………………………………（059）

第四章　党和国家的需要就是我的专业 ……………………（065）
　　人生的转向 ………………………………………………………（067）
　　学习与实习 ………………………………………………………（070）
　　国内第一个锅炉专业 ……………………………………………（072）
　　名列哈工大"八百壮士" …………………………………………（075）
　　向科学进军 ………………………………………………………（081）
　　行万里路 …………………………………………………………（083）

第五章　在波折中历练成长 …………………………………（087）
　　生产一线 …………………………………………………………（089）
　　编写教材 …………………………………………………………（091）
　　结婚成家 …………………………………………………………（094）
　　认识农村 …………………………………………………………（097）
　　坚守初衷 …………………………………………………………（100）
　　温暖的家 …………………………………………………………（101）

第六章　学有所用 ……………………………………………（105）
　　多事之秋 …………………………………………………………（107）
　　节煤改炉 …………………………………………………………（110）
　　不断前行 …………………………………………………………（113）
　　陋室铭 ……………………………………………………………（115）

第七章　创新锅炉关键技术解决重大民生需求 ……………（119）
　　掀开我国工业锅炉制造史上新的一页 …………………………（121）

再次填补国内空白……………………………………（125）

改造130吨/时大型流化床锅炉………………………（129）

从实践到理论…………………………………………（132）

第八章　高效稳燃煤粉燃烧技术解决电力安全……………（137）

花甲之年再出发………………………………………（139）

机遇与挑战并存………………………………………（141）

提出水平浓淡煤粉燃烧思想…………………………（143）

研制新型煤粉燃烧器…………………………………（147）

打造一支能源生力军…………………………………（149）

第九章　一切为了党的教育事业……………………………（153）

"入党是我生命中的里程碑"…………………………（155）

教学工作永远是第一位………………………………（158）

引导学生成长成才……………………………………（160）

创建汽车工程学院……………………………………（165）

担任主管教学工作的副校长…………………………（167）

建立实验学院…………………………………………（170）

出国交流………………………………………………（173）

第十章　老骥伏枥更奋蹄……………………………………（179）

回归科研工作…………………………………………（181）

工业性试验……………………………………………（184）

电厂应用………………………………………………（186）

系列浓淡煤粉燃烧技术………………………………（190）

剑指新领域…………………………………………………（194）

第十一章　继续为建设美丽中国而奋斗……………………（199）
　　解决中国的实际问题…………………………………………（201）
　　燃煤污染物减排国家工程实验室……………………………（204）
　　旋流煤粉燃烧技术……………………………………………（208）
　　W火焰锅炉多次引射分级燃烧技术…………………………（210）
　　为子孙后代创造更好的生存环境……………………………（214）
　　众花齐放助推绿色发展………………………………………（218）

第十二章　平生无悔育栋梁……………………………………（225）
　　种桃种李种春风………………………………………………（227）
　　搞科研的关键…………………………………………………（231）
　　学就学好，干就干好…………………………………………（236）
　　全国师德标兵的爱与期待……………………………………（240）
　　有所为，无所求………………………………………………（245）

参考文献………………………………………………………（255）

附录……………………………………………………………（259）
　　院士小传——矢志工业化　一生强国梦……………………（261）
　　秦裕琨年表……………………………………………………（272）
　　秦裕琨手稿（节选）…………………………………………（296）

后记……………………………………………………………（301）

第一章
家世与早年经历

秦少游后人

1933年农历四月十三日（公历5月7日），秦裕琨生于上海，按照秦家"松茂裕明宗"的族谱排名，他是"裕"字辈。"琨"意为美玉，家人期望他成为一个温润如玉的谦谦君子。秦裕琨是家里最小的孩子，上面还有大姐秦裕璠、大哥秦裕琛、二哥秦裕琏。

秦家是一个典型的江南家族，祖辈世代居于江苏。祖上最早能追溯到北宋文学家、婉约派一代词宗秦观（字少游）。由于秦少游的关系，秦家后人即便有过家道中落，有过困难艰辛，但是诗书传家的信念却没有丢。秦家在扬州的一支于乾隆年间，传到编修秦黉[①]这里，开始建立石研斋藏书。到秦黉之子秦恩复[②]时家里藏书达到顶峰[③]，一直到同治癸酉年，扬州遭兵燹，秦家石研斋藏书损失大半，后来又不能守，终于消散殆尽，举家搬迁瓜州。

为躲避战乱，秦裕琨的家族在瓜州开始了耕读生活，耕种着江边的一片沃土。可日日夜夜不急不缓流过的江水，不知什么时候走了一下神儿。从前的京口、现在的镇江段长江开始出现南岸淤涨、北岸坍塌的情形。少了江堤制约的江水肆无忌惮地冲刷着瓜洲江岸。泥土做成的护堤没有石基巩固，每隔若干年堤岸就要坍塌一次，

[①] 秦黉（1722—？），清诗文家，字序堂，号西岩，因在石研斋读书藏书，故又自号石研斋主人。据《芜城怀旧录》载：乾隆曾赐给御史秦序堂家宅"旧城读书处"的匾额。

[②] 秦恩复（1760—1843），字近光，号敦夫，与龚自珍交往甚密。

[③] 朱军.扬州书院和藏书家史话[M].扬州：广陵书社，2012.

当地人称之为"坍江"。

江水的冲刷让家里的土地一年比一年少，打出的粮食也越来越少，难道就这样看着江水一天天吞噬这份产业？秦裕琨的曾祖父秦彭椿明白"穷则变，变则通"的道理，他想带着全家重返扬州。

清朝末年，社会上自给自足的经济结构开始松动，政府对商业控制的力度也渐渐力不从心，尤其在江南地区，城市商业贸易逐渐兴盛起来。秦彭椿敏锐地感受到了这种商业气息。这一年，在妻子诸葛氏的支持下，秦彭椿卖掉土地，在扬州三元桥的一个小镇上买下一间铺子，取名"秦德昌"，从附近农民手中收购米豆杂粮再贩卖给其他零售店，开始了粮店生意的经营，扬州当地人称之为"六陈行"。

秦裕琨（第三排左五，母亲徐慧因怀抱中）曾祖母诸葛氏九十大寿摄于扬州祖居（1935年）

秦彭椿夫妇生了两男一女，儿子起名秦松华、秦松云，女儿叫秦小玉。粮店"秦德昌"发展得很好，规模越来越大。秦裕琨的堂兄秦裕琪至今还记得，幼年时经常去六陈行拜望曾祖父和曾祖母，每每看到农民运来粮食，多时有二三十匹骡驴，特别是炎热的夏季，骄阳似火，长工们扛着粮袋搬入搬出……①

扬州南门街北段有个清真古寺仙鹤寺，始建于南宋德祐元年（1275年），美轮美奂，保存完整，与广州怀圣寺、泉州清净寺、杭州凤凰寺齐名。仙鹤寺附近曾有"清白流芳"石牌坊，秦家人就住在"清白流芳"旁边。身在扬州城，但凡家庭条件还说得过去，总得让孩子读书识字。秦家曾是书香门第，秦彭椿夫妇更不想让孩子们天天守着粮店，况且好好读书，就可以有更多选择，就可以按照自己的想法去生活。

大儿子秦松华，老成持重，为人敦厚，虽然也读了几年私塾，但因为从小就参与家里粮店的经营，让他去接管粮店自是最合适。二儿子秦松云天资聪颖，被家里寄予厚望——以期通过科举考试求取功名。

秦松云因此成了秦家这个家族近年来第一个真正走进学堂的人。秦松云字曼青、曼卿，号婴闇，别号东轩、婴闇居士，后改名为秦更年。1899年，秦彭椿去世。诸葛氏虽然是目不识丁的传统旧式妇女，但做事雷厉风行，对晚辈要求严厉，从严治家的故事在亲友街坊中有口皆碑。

"更年尚少，母虽爱之笃而延师督课，不少宽假，要其练习世务，遂令佣书自食，而更年倜傥能文章，以文采风流见重于时。"②天资聪慧的秦曼青写得一手锦绣文章，和中国此前千千万万读书人一样，也梦想着有朝一日能金榜题名，一日看尽长安花。而以秦曼青的聪明才智，这一天也是指日可待的。没有

---

① 引自秦裕琪撰写的家族史料《从乡村走向城市》。
② 顾一平. 冶春后社·秦更年传略[M]. 扬州：扬大印刷厂，2011.

想到的是，1905年，科举制度在晚清政权走到末日之前结束了生命。这对于当时渴望通过科考来实现个人价值的秦曼青来说实在是一件不幸的事情。

清政府废除科举，断了儿子青云直上的功名之路，但诸葛氏还是鼓励他向外发展，她觉得小儿子在别处会走得更好更远。告别了最初的失望后，年轻的秦曼青重新调整了自己的梦想，当时他刚刚年满20岁，有的是精力投入到科举之外的天地，反倒因此开启了一条实现新的人生价值之路。

1645年4月，南明兵部尚书兼东阁大学士史可法在扬州就义，嗣子副将史德威寻遗体不得，乃葬其衣冠于梅花岭下。史可法衣冠冢前有清代诗人张尔荩撰写的一副对联：数点梅花亡国泪，二分明月故臣心。秦曼青对扬州历史上的这位大英雄推崇备至，曾多次到这里凭吊先贤，感受史可法流芳千古的浩然正气和民族精神。

清朝末年，内忧外患，社会动荡，民不聊生。1905年，孙中山在日本成立同盟会，提出"驱除鞑虏，恢复中华，建立民国，平均地权"16字纲领。受史可法精神的感召，心系家国、梦想民族复兴的秦曼青在1912年也加入了同盟会。

郑逸梅《艺林散叶》云："秦更年多才艺，为一时名士，不知彼幼年乃一钱庄学徒。"年轻的时候，秦曼青曾在钱庄短暂工作过一段时间，时间虽然不长，却是他一生中一个重要的节点——他在经济方面的不凡天赋也得以被发现。由于其聪颖好学，精通业务，加之文笔出众、口才颇佳，他先后进入了广州大清银行、长沙矿业银行、中南银行等工作，后来又担任大清银行大理分行文书和中南银行上海总行文书主任、总务课长等职。

秦曼青还是著名的诗人、学者、藏书家、出版编辑家、书画家、金石文家，收藏的古书和碑帖、钱币颇具规模，佳品颇多。他所仿刻的宋本，其纸、墨、刀法和刻工，几可乱真。秦曼青侄子秦茂旸说他"于学无不窥，于书无不蓄，自经史百家以及稗说，亦无不藏庋而掌录之也，其所笃好尤以流略版本、金石目录为最。得钱即入书肆，三十年间，共得万余卷"。秦家祖上藏书楼石研斋的藏书由于战火损失大半，后一部分被藏书家翁同书收藏，一部分被藏书家杨以增收藏，还有一小部分被秦曼青回购收藏。

秦曼青膝下无子，只有一女。按照当时的习俗，需要过继一子，因此大哥秦松华家二儿子秦茂旸过继给了秦曼青。秦茂旸即秦裕琨的父亲。秦裕琨他们兄弟姐妹之前称秦曼青二爷爷，后来改口叫爷爷，称亲爷爷秦松华为大爷爷。

秦裕琨记得爷爷秦曼青家里到处是书柜，有很多古书、字画和印章，并且常常拿来给他看。后来，秦曼青将自己珍贵的文化遗产全部交给了秦茂旸。1956年11月，爷爷72岁去世后，秦裕琨的父亲将其珍藏的书画捐赠给了上海历史文献图书馆，部分珍本售与天津南开大学图书馆，并用所得书款编印了秦曼青的《婴闇题跋》《婴闇杂俎》《婴闇诗存》等著作，分发给秦家子孙做纪念。

秦曼青的金融行业从业经历，也影响了秦家的下一辈人。秦茂旸，字曙声，生于1893年，在家乡念了十年私塾，后到镇江钱庄当学徒。他在秦曼青的支持下，不久离开钱庄来到上海，转投金融行业。

受秦曼青的影响，秦曙声也倾向革命。1911年10月辛亥革命后，刚过18周岁的他在香港美璋照相馆特意拍摄了两张具有纪念意义的照片，一张长袍马褂留有辫子，一张西装领带梳了头。秦曙声来香港原本是秦曼青通过朋友介绍他入一家商行，后来情况变化，他进入香港圣士提反书院攻读英文一年，不久又回到上海进入钱庄工作。

20岁前，秦曙声在中文和财会方面打下了坚实的基础。1915年，

秦裕琨的父亲秦曙声在香港剪辫后留影（1911年）

22岁的秦曙声进入湖南长沙交通银行。同年，秦曙声和徐慧因结婚。由于在工作中的优异表现，他又被调入上海交通银行，并得到了上海交通银行副经理钱新之的认可。

1923年，赏识秦曙声的钱新之成为"北四行"副主任委员后，马上把他调过来做帮手。北四行是盐业银行、金城银行、中南银行和大陆银行的合称。四行成立"联营事务所"，开辟了国内银行之间合作的先河，是当时效益极佳、影响颇大的一项创举，作为旧中国北方金融集团之一，直接促成和巩固了上海金融中心的形成。秦曙声加入四行后，大展身手，由于在发行钞票上有所创建，更加受到重用。

不到40岁，秦曙声就被委以汉口分行副经理之职进入高层。不久，汉口分行撤销，秦曙声回到上海总管理处担任会计师和总稽核。秦裕琨随家人迁回上海，住在法租界。

国仇家恨

秦曙声和徐慧因夫妇早先在扬州陆续生养了6个孩子,然而当时医疗条件不好,6个孩子幼年时不幸都夭折了。随丈夫到了大城市后,徐慧因又生下的4个孩子才得以长大成人。秦裕琨是幼子,受到了更多的疼惜。

徐慧因也是扬州人,生于1897年,粗通文墨,是典型的旧式家庭妇女,温良贤惠、操持家务素以勤俭为本。秦曙声在家里面对孩子时话很少,比较严肃。秦裕琨记得,吃饭时只要父亲没上桌,

秦裕琨(左二)和母亲徐慧因(左一)、大哥秦裕琛(左三)、大姐秦裕璠(右三)、二哥秦裕琏(右二)、父亲秦曙声(右一)一家六口在汉口合影(1934年)

秦裕琨的母亲徐慧因留影（1915年）

家里其他人都不会动筷子。小孩子们在家里打打闹闹，只要一见到父亲，马上老实。印象里母亲总是有做不完的家务活，尽心竭力地照顾家人的生活，从来不曾抱怨过什么。

秦裕琨一家居住在四行联合会提供的职工宿舍，位于当时法租界古拔路（今富民路）197弄，称古柏公寓。秦裕琨的父亲还兼任古柏公寓管理委员会主任，时常在礼堂主持管委会会议，把公寓治理得井井有条。他们一家人先住在19号，后来搬到了12号。

法租界内几乎所有道路都用法国将军或名人命名，由法国公董局管理。现位于上海复兴路的复兴公园，那时叫法国公园，是法国人休闲的场所。公园门外有一座很漂亮的小洋楼，叫法国俱乐部，不允许中国人进入。法租界里巡捕房的最高负责人是法国人，中层多数是安南人——安南（即现在的越南）那时是法国殖民地，下层警察才是中国人。

秦裕琨（前左）与母亲徐慧因（后中）、父亲秦曙声（后右）、大姐秦裕璠（后左）、大哥秦裕琛（前中）、二哥秦裕琏（前右）全家人在上海中山公园留影（1938年）

秦裕琨家再往北不远，就是现在的延安路，当时叫福煦路，属于英租界。英租界巡捕房招了一批印度人来当警察小头头。

秦裕琨常常能在大街上看见横行霸道的警察，几个法国人带着一群安南（越南）人或是英国人带着印度人，警棍乱舞。小时候，秦裕琨不懂，为什么在中国的土地上，外国人横行霸道、养尊处优，而中国人却低人一等，不仅这也不行，那也不允许，还处处受欺压。这种不平等在秦裕琨幼年时，便时时冲击他的内心，让他不解，也让他气愤。多少次看见这些颐指气使的警察，秦裕琨都在心底想着，中国人什么时候才能扬眉吐气啊！

1937年七七事变之后，中华民族全面抗日战争开始，12月13日侵华日军攻入南京，制造了震惊中外的南京大屠杀惨案。秦裕琨的大舅徐伯儒医术高明，在日本留过学，回国之后在南京行医，办了一个小医院，在日军攻占南京前医院被炸毁。秦裕琨的二舅徐雁冰是教师，也居住在南京。两位舅舅拖家带口从南京避难来到上海投奔秦家，幸而躲过大屠杀。

在秦裕琨的老家扬州，当年12月15日，他的伯父秦茂昭无缘无故被日本兵从街上直接抓走做苦力，从此生死不明。秦裕琨在广东工作的叔叔秦茂明和同事逃到粤北山区，躲避日寇，失去联系。父亲秦曙声将在扬州的两个侄儿秦裕瑗、秦裕珩接到家里，承担起他们的一切花销，两个堂哥一直和秦裕琨一家生活，直到抗战胜利。

民 何 以 安

抗日战争期间的上海，除了英法等国家控制的租界，市区绝大部分地方都是日军侵占的沦陷区。相比而言，居住在法租界的秦裕琨一家已经算是生活在世外桃源。两位舅舅及家人来到上海后，大舅徐伯儒在古柏公寓开了一家私人诊所，二舅徐雁冰在古柏小学教学，生活都还过得去。

秦裕琨目睹过什么是"十里洋场"，更目睹过城市贫民和无家可归的流浪人群。秦裕琨有一个亲戚住在苏州河以北的虹口区，前往那里要经过北四川路上的日本宪兵司令部。日本军部规定，凡是中国老百姓从日本哨兵面前走过，都要摘下帽子向哨兵鞠躬行礼，否则就会遭到毒打。如果这样做，中国人的民族尊严不就被一扫而光了吗？许多人为了坚持气节宁可绕道而行，当时尚不到10岁的秦裕琨宁愿绕个大圈子，多走几条街的路，也不肯对着日本军队的司令部鞠躬。

随着上海的全面沦陷，日本对沪的经济掠夺变本加厉，工业产品和日常用品被大量运往日本或者直接作为日军的战略物资。在当时的上海，中国人买米面等基本的生存物资都要有日本人的许可。日本人所谓的"户口米"质量奇差，还掺杂着杂草和石子。不仅如此，还实行按期配给，粮票附在身份证后，购粮时中国人必须持本人"良民证"排长队"轧米"。日本人核实身份后，当场将粮票剪下，拿着粉笔在中国人背上用粉笔编号，即使小孩也不能幸免。后来，连米面都供应不上，很多人只能靠发霉或者有很多杂质的糙米过活。1938年1月，因为寒潮入袭上海，有上万人被冻死、饿死。1939年，情况更加严重，大多数市民的生活变得格外艰难，由于通货膨胀、筹备军粮，还有游资的囤积等，米价疯涨，导致了米荒。

那时国人日日夜夜期盼着抗战的胜利，很多人也前仆后继地走上了武装反抗之路。秦曙声自己倾向革命，也支持家人、亲戚追求进步。秦裕琨二舅徐雁冰的三个女儿都参加了革命，且均于新中国成立前光荣加入中国共产党。秦裕琨的大表姐徐寄萍（原名徐乃馨）1940年在上海参加了学生协会，1941年跟同学一起到苏北新四军的队伍中参军。

抗日战争时期，普通民众的民族意识也越来越强，里弄里好多人都知道秦家有亲属参加共产党抗日，并且也都自觉地瞒着日本人。而那些跟秦家关系密切的进步青年学生，也给了秦裕琨极大的影响，从小就在他心里种下了一颗追求"民族独立""人民幸福"的种子。

1945年8月15日，日本宣布无条件投降，这个消息传来，上海各界组织了各种庆祝活动，大家欣喜若狂。秦裕琨的母亲特意给家里每个人买了大饼和油条作为早餐，以示庆祝。

不久，国民党接收大员乘坐飞机从重庆抵达上海，住在市中心茂名路上的锦江饭店，这是一家豪华级花园式宾馆。秦裕琨与他的玩伴听说之后，一起兴冲冲地去那里看大门前站岗的国民党士兵。两名战士清一色的美式装备，手持冲锋枪，神气极了。上午看了，中午回家吃个饭，下午又跑过去继续看，一连看了好几天，秦裕琨他们依然百看不厌。眼前中国军人持枪警戒的画面让年幼的秦裕琨觉得：这下好了，中国人自己的军队来了，从此可以保护我们免受外人的欺负啦！

上 海 解 放

渐渐地，秦裕琨发现事情好像并不如他想象得那么美好。黄浦江上太阳旗是没有了，可星条旗却来了。日本兵撤走之后，美国大兵驻扎了下来，一样肆无忌惮。有的美国大兵开着吉普车，搂着"吉普女郎"，喝醉了酒，横冲直撞，撞死人竟然都没人敢管。

更加令人气愤的是，连国民党要员都不顾法规、原则及国家和人民的利益，给收复区工商业带来了一轮新的浩劫。"金子、房子、票子、车子、女子"是"接收大员"巧取豪夺的对象，接收成了"五子登科"的"劫收"。饱受沦陷之苦的上海市民对此大失所望，他们还编了一句顺口溜："想中央，盼中央，中央来了更遭殃。"

1945年至1949年，国民党在4年的统治时期里，大量发行纸币，造成上海通货膨胀，物价飞涨——不是按百倍、千倍、万倍计算，而是千万倍。秦裕琨的父亲一领回工资，当日马上就买好当月的生活用品，余下的立即换成"袁大头"（袁世凯称帝时铸的银圆）——那时只有这个还有些保值作用。甚至秦曙声去外地出差也得随身携带银圆，否则恐怕回来时因货币贬值连路费都被"蒸发"了。

那时候的上海，就像老舍的《茶馆》里描述的那样：日本投降了，国民党和美帝国主义又使人民陷入了内战的灾难，吉普车横冲直撞，爱国人士惨遭镇压……加之各种投机活动、特务活动和帮会活动，整个上海混乱不堪，有很多失业人口、城市游民，偷盗、抢劫、诈骗、赌博等非常频繁，最终是大众遭殃。这使许多人陷入茫然之中，开始的兴高采烈很快转为极度失望。秦裕琨虽然还是少年，但也有太多事情要去思索，不仅是自己的前途，还有整个国家的命运。他看过漫画家张乐平的一幅漫画，至今记忆犹新，内容是一位青年站在路灯下昂首看天，标题是"天亮了？"。在秦裕琨的记忆里，中国是如此多灾多难，一直在内部的腐败和外来的侵略中苦苦挣扎。

1949年5月27日的那个清晨，早起的市民们推门而出时被眼前的情景惊呆了：街道两旁的屋檐下，正躺着一排排和衣抱枪、酣然沉睡的解放军官兵。很多人身上都有补丁，从军装上看不出他们谁是官谁是兵，每个人都是满面风尘，绑腿上沾着泥，看上去很累很疲劳，可睡得很香……这一幕使无数上海市民深有感触。人民解放军纪律严明、作风优良，立刻就赢得了上海老百姓的心。新华社随军记者艾煊这样写道："慈祥的老太太，热情的青年学生，商店的老板、店员，都诚恳地请求战士们到他们的房子里去休息一下。可是战士婉谢了，他们不愿擅入民宅，他们不愿在这一小事上，开了麻烦群众的先例，开了违反人民军队传统的先例。"而据说，为了不影响市场供应和金融秩序，解放军入城后，一律不允许在市区买东西，甚至部队吃的饭菜，也是在几十公里以外的郊区做好，再送到市区。

秦裕琨后来回忆，上海就这么解放了，市区里的民众一点儿也没有感觉，夜里没有听到枪声，第二天醒来，推门一看，"新社会到来了",上海这座城市完好无损地回到人民手中。解放军部队在南下时早就强调过,良好的入城纪律就是给市民的见面礼。所有部队机关一律不准驻扎在工厂、医院、学校和教堂;还要制定适合城市生活习惯的制度和规则。解放军战士为了不干扰市民的正常生活,晚上就露宿街头,这让上海的老百姓非常感动。

在此之前,很多市民都担心会出现混乱。秦裕琨的父亲秦曙声平时练太极拳、太极剑,家里藏有一口宝剑,他专门去开了刃,交给里弄门口的保安——万一城里乱起来,有需要的话,这就是"武器"。结果看到解放军严明的军纪,秦曙声又是感动又是惊叹,不由地赞叹道:"了不起,真是了不起!没想到,真是没想到!"

为了巩固新生的人民政权,尽快恢复经济、发展生产,党和政府通过在上海的"银圆之战""米棉之战"等迅速打击了不法资本家的金融投机、物资投机,并基本消灭了社会丑恶现象。新中国成立前的上海街头,还有饿死的乞丐,之后就看不到类似的事情了。起初,因为洋米不能进口,加上水稻收成不好,还有商人的投机活动,上海也一度出现过粮食紧张的情况。当时中央就调集东北、华中地区的大米到上海,缓解上海的粮食危机。上海市政府为失业工人、城市贫民、灾民等发放了救济粮,大街上原来的城市游民、扒手、流氓几乎都看不到了。上海的解放、物价的稳定和社会风气的好转,让包括秦裕琨一家人在内的中国人看到了一个崭新的政权——中国真正有了希望。

新中国刚刚成立不久的一天,长期在银行工作的秦曙声回到家中,手中拿着人民币,充满自豪地对孩子们说:"你们看看,现在的人民币上,再也没有一个外文了!中国人民真的从此站起来了。"

仁厚家风

抗日战争全面爆发这一年，四行储蓄会的高层都已经逃到重庆，44 岁的秦曙声成为四行储蓄会留守在上海总部的财务负责人。秦曼青退休后，年老体衰，乏人照顾，秦曙声主动挑起照顾叔父一家三口的重任，接叔父来家同住，每日晨昏请安问候，一日三餐按时奉上。再加上两个侄子，这样他就要养活 11 口人，生活很艰难，需要精打细算。秦曙声平时上班乘有轨电车。上海的电车只有一等和三等，分段计费。为了节省开支，他总是坐三等车厢，并且每次都是先走一站，到下站再乘车，这样每天上班就能省下两分钱。有一年年夜饭，母亲徐慧因做了一大锅大肥肉炖萝卜，让大家敞开吃。6 个孩子大快朵颐，吃完之后还争相炫耀自己吃了多少块"人间至味的美食"。

秦曙声为人方正、宅心仁厚，凡亲友同事遇到困难无不出手相助，为人称道。1941 年太平洋战争爆发，秦曙声的一位同事方某正在美国出差，恰逢日军偷袭珍珠港，他赶紧回国，乘船经过新加坡，在旅店遇日寇轰炸不幸遇难。方某在上海的妻子和一双儿女失去了经济来源。在那样动荡不安、战火纷飞的时期，他们的命运宛如狂风暴雨中漂泊在海面的一叶扁舟，随时有倾覆的可能。得知此事的秦曙声第一时间联系到方某的遗孀，每个月从自己的工资里拿出一部分钱给方某的家属，说是银行给的抚恤金，一直到抗战胜利，方某的儿子找到工作为止。秦曙声去世时，方某之子专程到灵前磕头叩拜，追思当年的救助之恩。不仅如此，抗日战争期间，省吃俭用的秦曙声还长期捐款救助上海难童。因为助人甚多，入不敷

秦裕琨（前排右一）、秦裕琏（后排右）、秦裕琛（后排左）和二舅的女儿徐乃勤（前排左一）、徐乃悌（前排左二）及亲戚周克崧（前排右二）

出，秦曙声还在上海水产公司兼职，倍加辛劳。

抗美援朝时期，秦曙声对家人说："不请客受礼过生日了，咱们把钱捐给志愿军去保家卫国吧。"他主动去中国人民银行捐了120万人民币（旧币）用于购买飞机大炮，表明自己一百二十万分地支持抗美援朝。

这样的家庭和父母，培养了秦裕琨一种深沉的人生智慧。在秦裕琨心目中，父亲虽然办事严谨，不苟言笑，生活规律，近乎刻板，但父亲的所作所为本身就是一种榜样的力量，点点滴滴潜移默化中塑造着他的世界观、价值观、人生观，对他日后为人处世影响巨大。

秦裕琨工作之后，第一年领到工资69元，就在父亲的建议之下，承担起了外甥（堂姐家的孩子）应纯同的生活费，每月拿出一定数量的钱资助这个在清华大学学习的外甥——因为堂姐家里孩子多，经济比较拮据。舅甥年龄相差不大，直到现在应纯同每次见到小舅舅秦裕琨，都非常感念他当年的资助。外甥毕业以后，秦裕琨又按照父亲的建议开始资助天津的大哥秦裕琛。大哥家当时已有三个孩子，还有岳母要奉养，一家6口人，日子过得比较艰难。遵照父亲的嘱咐，秦裕琨二话不说，按月给大哥一家寄生活费。

1962年，秦裕琨结婚后回上海，父亲拿给他一个存折说："你现在结婚了，需要花钱的地方也多了，这是你这些年来资助给人家的钱。每个月你汇出去多少钱，我就给你存起来多少。现在你结婚用钱，就取出来用吧。"

父亲的无言之教，不仅帮助秦裕琨积累了一份物质财富，更给他留下了一笔宝贵的精神财富。

第二章

沪上求学生涯

在家门口上幼儿园和小学

秦裕琨一家是相对幸运且幸福的，他们居住的古柏公寓不仅仅是几栋大楼，更像是一个领先时代的小区，住户都是四行储蓄会的职工和家属，十几栋连排楼房围绕大礼堂和花园的布局使得这里成为一个遗世独立的桃花源。

"大礼堂"是古柏公寓最重要的地方之一，几乎是整个古柏公寓的行政中心，涵盖了生活的方方面面。如果要找花匠、修理工、巡捕、司机等，就到大礼堂的一楼，这里还放了个公共电话，由专人看管，谁家要是没有装电话，就会来这里打。二楼除了有大礼堂，还设有医务室，免费看病，药费自理，长期的患者还有专人照顾。秦裕琨的大舅就在这里为职工治病。二楼还设有外廊，那是孩子们最喜欢待的地方之一，站在外廊上，可以看到当时古柏小学的操场。第三层是职工俱乐部，有图书室、棋牌室、台球室、乒乓球室等，供员工休闲娱乐。第四层是单身职工宿舍，有浴室、卫生间，并雇有专责的勤务人员照料单身职工生活。封闭式的大花园，由专业的花匠打理。公寓有门卫，行人出入只能通过小门，有汽车通过才开一下大门，平时上下班会按时敲钟，晚10点敲熄灯钟，不允许再有喧哗声，早7点敲起床钟，生活安宁而有秩序。

秦曙声在四行储蓄会按职务分得两处三层住宅，一处自居，一处奉养叔父秦曼青一家。大礼堂为公共活动场所，一楼平时可以进行演出。公寓组建了古柏剧社，节假日经常演出京剧。秦曙声特别注重公寓的文化建设，他还把自己家的书柜、书案、靠背椅等无

秦裕琨（前）全家和祖父秦曼青（后排左三）、堂兄等人在古柏公寓前合影（1940年）

偿交给图书馆使用。

  为了方便孩子们求学，四行储蓄会特地设立了家属幼儿园和古柏小学。幼儿园在大礼堂，小学单独占了两所三层楼房，平时在操场上体育课，篮球、足球、乒乓球等活动都有。古柏公寓内道路相通，很适合小朋友们玩"官兵捉强盗"的追逐游戏。秦曙声兼任小学校董，家里孩子多管不过来，再加上不需要为安全因素担忧，所以秦裕琨不到3岁就被送去上幼儿园，5岁开始上小学。

  幼儿园分为大班和小班，用一个大屏风隔开，都在大礼堂内上课。上课主要是玩，这节课是游戏课、下节课是吃饼干课，之后是睡觉课……小朋友们都很喜欢，秦裕琨也不例外。幼儿园大班时，班上转来了一个叫唐齐千的小朋友，在家里也排行老四。秦裕琨有两个哥哥一个姐姐，唐齐千有3个哥哥，两人的大哥、二哥也是同班同学。从此，秦裕琨与唐齐千两人一同历经了小学、初中、高中、大学，毕业后又一起分配去哈工大做研究生，一起学俄语，有长达17年的同班同学生涯，结下了深厚的友谊。他们彼此以"阿琨""阿唐"相称，相知相勉，虽然兴趣不尽相同，但彼此关心支持，一个眼神，一个手势，尽在不言中。

成立于1930年的古柏小学主要服务于四行储蓄会职员的子女，但附近许多住户的子女也都到此求学。古柏小学教学质量很不错，校长洪赓扬、国文老师洪殿扬、算术老师徐雁冰（秦裕琨的舅舅），他们为人师表，教书育人，为学生们的成长打下了良好的基础。

小学的课程有语文、算术、常识，四年级的时候还加了英语。因为之前夭折过几个孩子，秦曙声对秦裕琨姐弟的学习成绩一直并不很看重，主张身体第一、顺其自然，孩子们健健康康、快快乐乐就行。秦曙声教育后辈，重在"做人"。审阅成绩单，首重品行，行为稍有不端则严加管教，其次才是各科成绩。对于学习，如果一定要说有什么要求的话，那就是"文"和"字"。文是写作功底，字是指书法，这两个是人的"名片"，均马虎不得。

考虑到租界的小学授课内容中关于中国传统经典文化的内容比较少，

在古柏公寓堂姐家三楼阳台，秦裕琨（前排右一），秦裕璠（前排左二）抱的是大外甥应纯高，秦裕琛（后排右一）和秦裕琏（前排左一）在两旁

秦曙声还专门请了一位远房亲戚为家里的孩子讲授古诗文。这么多年过去了，秦裕琨依然清晰地记得自己和哥哥姐姐们一起围坐在八仙桌旁，先生正襟危坐，威严而又不失慈祥地给他们讲学的样子。上课的主要内容是学习古诗和《古文观止》，学习的方式便是讲解、朗读、背诵。

"月落乌啼霜满天，江枫渔火对愁眠。姑苏城外寒山寺，夜半钟声到客船。"私塾①内读书一般都是用唱的方式来吟诵，汉语的音形意之美、平仄之韵似乎都在这吟唱之中展现得淋漓尽致，仿佛行云流水涤荡着天空大地，如同美玉宝石敲击出琅琅之声。每次讲解完，秦裕琨和哥哥姐姐们便跟着老先生一起边吟诵古诗文，边摇晃着脑袋，动作和表情都很丰富。

对于汉字书写，秦曙声规定孩子们每天上交大楷、小楷各一页，并亲自批阅，凡是完成规定任务，每个月多给点儿零花钱，以资鼓励。秦曙声青年时期开始接触英文，早年曾进入香港圣士提反书院攻读英文一年，他也希望孩子们以之为工具，掌握这项语言技能。秦裕瑷至今还记得，有一次吃晚饭时，秦曙声问6个孩子，保险公司的"保险"英文怎么拼写？大家都讲不出。秦曙声说："街上有那么多牌匾上就写着INSURANCE，你们为什么不多多留点心呢？"古人云"人

84岁高龄的秦裕琨在哈工大电视台录音棚吟诵唐诗（2017年）

① 私塾是我国古代社会一种设于家庭、宗族或乡村内部的民间幼儿教育形式，是旧时私人所办的学校，对于启蒙儿童、使之读书识理起过重要作用。

一能之，己百之；人十能之，己千之，果能此道，虽愚必明，虽柔必强"，秦曙声提醒他们学习不仅仅是在书本上、课堂里，只要有心什么时候都可以抓住机会提升自己。秦裕瑷说："谚语也说'留心处皆学问'。这些教诲都千真万确，但是唯有家长、长辈说的道理，记得才最牢、最入心入耳，因为有情感的因素呀。"

秦裕琨是家里最小的，哥哥姐姐们都很照顾他。得到宠爱和关心最多的秦裕琨不但不调皮，反而性格沉稳不贪玩，经常搬一把椅子当桌子，坐在小板凳上看书、写作业，冬天在屋内，夏天在弄堂，一副小大人的样子，大家就喊他"小老"。担心秦裕琨总不运动累坏了身体，哥哥姐姐们常常把他拉起来，喊他一起去玩，打乒乓球、练武……

因为秦曙声倡导"身体第一"，秦家兄弟姐妹们大都擅长体育。乒乓球是大家非常喜欢的一项运动，因为经常打，公寓的乒乓球房间几乎被他们独占了，兄弟几个的球技也越来越高。秦裕珩的水平尤其高，还被选入了市队。秦裕琨当时年纪小，打乒乓球比较吃力，秦裕珩总是不厌其烦地陪他一起玩。古柏公寓有管理委员会支持经费，秦曙声曾经先后请过三位拳师来教公寓的孩子们习武，增强体质，常年有迷踪拳班、少林拳班和太极拳班。哥哥们为了让秦裕琨也能感兴趣、多运动，经常轮流做"陪练"，跟他"对打"。上海精武体育总会的教练每周教孩子们习拳练武，秦裕琨也和哥哥们跟着一起学。

上海精武体育总会前身中国精武体操会的创始人兼武术总教练是大名鼎鼎的霍元甲。上海精武体育总会是我国近代体育史上第一个民间体育社团，它将中华民族的传统武艺与西方体育的概念和内容有机结合，并具有鲜明的爱国主义思想和强烈的民族精神。在国家和民族处于存亡的历史关口时，中国人的尚武精神没有褪去，反而更加熠熠生辉。

秦曙声年轻的时候正逢"精武精神"兴起，他开始饶有兴致地习练武术。1920年27岁生日时，秦曙声拍了一张照片，执手杖持礼帽身穿长大衣,另有游伴两人。他还特意在照片上旁注:时初习拳术。身为古柏公寓管理委员会主任,秦曙声还会经常组织一些活动,有时候甚至会亲自上场表演。秦裕琨至今记得,有一次父亲跟他的师父一起表演推手互动——"白胡子老头儿"是个高手,一推之下父亲差点儿掉到台下去,说时迟那时快,师父一把又把他给拽了回来。

秦裕琨的父亲秦曙声初习拳术留影　　　秦曙声夫妇合影

虽然秦裕琨在体育方面天赋有限,但那段习拳的日子仍然让他记忆犹新,教练们高超的武艺也给他留下了深刻的印象。特别是一位女教练,不仅善于技击,身法还非常轻灵,有一次教完拳刚巧没赶上有轨电车,一时兴起就跟着跑了一站地,并且在下一站顺利上了这辆车⋯⋯

秦裕琨的堂姐夫应永玉也在四行储蓄会上班,工作之余他比较热心孩子的事情，支持办了一个流动的儿童图书馆，每个周末都用三轮车拉一车书来到礼堂门口摆出来。秦裕琨他们非常喜欢来这儿坐在台阶上看书。后来，除了看画报之外，爱读书的秦裕琨把对武术的热爱扩展到了武侠小说上。那个时候，最令读者着迷的武侠小说家就是还珠楼主，他的大作《蜀山剑侠传》《青城十九侠》等常常令秦裕琨手不释卷。许多年后，武术虽然不练了，但是秦裕琨喜欢读武侠小说的爱好却保留了下来。在繁忙的工作之余，他也会读上几页金庸、古龙的作品作为调剂。

中 学 时 代

1944年，秦裕琨和唐齐千两人一起升入育群中学初中。这所学校原本是上海青帮大亨杜月笙的私人公馆，杜月笙1943年开始在这里办学。原来，日本人进入租界后，杜月笙为了使自己的住宅免遭霸占才想出了这样的权宜之计，因此日本投降之际学校又停办了。

尽管在育群中学的时间不长，但这里的环境和师资还是给秦裕琨留下了深刻的印象。育群中学位于东湖路和新乐路交口，中间是气派的主楼，东西两侧有与之相连的配楼，前面则是1万多平方米的大花园。花园里碧草如织、花木盈胜、景色优美，空闲处还设置了排球场、篮球架、单双杠等等。当然，更加吸引秦裕琨的是"为人师表""教书育人"的教师。校长朱鹤翔是留学比利时的博士，曾在蔡元培任校长时期的北大法科任教。时任震旦大学①校长胡文耀和上海交通大学的一些教师等也在这里兼职教

---

① 震旦大学，原名震旦学院，是中国近代一所私立大学，创办于1903年。1952年秋，在全国高校院系调整中，震旦大学被撤销，其学院和系科并入其他高校。

书，师资力量很是雄厚。

这期间，日本人开始强迫中国学生学日语，并且规定如果学校能找到中国的日语教师那就让中国人教，找不到就派日本人来教。秦裕琨和唐齐千这些同学都很反感学日语，为了抵制，他们常常在课堂上起哄。后来，授课的中国教师说，我不教也会有别人来教，况且我也不想教，可是我没别的技能，为了养家糊口也只能这样，希望同学们和我一起对付过去。就这样，秦裕琨他们和这位教日语的中国教师一起演起了"双簧"。考试的时候，唯独日语监考是摆设，学生们随便抄，老师坐在教室门口看着外面给放风……

1945年夏天，育群中学停办后秦裕琨和唐齐千又一起转到私立育材中学读初二，后来又一起升入育材高中，还是在一个班。学代数时，一次偶然的机会，秦裕琨突然就对巧妙的方程式感兴趣了——原来鸡兔同笼的"古怪"问题用方程式很容易解决。从此他对学习投入了更多的时间和精力。放学回家，秦裕琨就开始预习新功课，提前把下一堂课的作业做完，第二天上课就很轻松，注意力集中在没有弄明白的问题上，将不清楚的概念弄懂，不会做的作业补上，于是，学习对秦裕琨来说越来越容易，很快就名列前茅。因为学习方法得当，秦裕琨从来不开夜车，平时课上、课下的时间已经足够。考试前，他经常把书扣在书桌上，脑子里像放电影一般，将书里的内容从第一章默诵到最后一章。

育材中学虽然是所私立中学，规模也不太大，但实力很强。校长吴耕莘是当年上海的著名教育家。学校国际化意识很强，数理化教材均为英文原版，教师采用双语授课。英语学习还专门开设了欧美文学和新闻研读。《密勒氏评论报》是上海当时非常有名的一份英文政治周刊，许多大、中学校的学生则将之作为练习英文的教科书。秦裕琨他们每周也有一堂课，专门从中精选几段进行讲解。这份周刊1936年曾发表斯诺陕北之行对领袖毛泽东的专访，第一次向全世界传递了中国共产党的声音。周刊还对国民党政权的独裁和贪污腐败进行揭露和谴责。秦裕琨很喜欢看这份周刊，既学了英语又了解了时事。

不仅如此，学校还特别注重夯实学生的传统文化基础，相关任课教师均为国学专业的精英。除了文学史，还特别组织学生进行国学经典的学习。中学语文老师出自桐城派，对古文有着很深的造诣，主张"义理、考据、辞章"三者并重，在语言上追求"雅洁"，主要教授《古文辞类纂》《文心雕龙》等。他教学生古诗文时，常常会摇着头、打着拍子大声吟诵……这些都给了秦裕琨很大的影响。至今他对古诗文仍有着浓厚的兴趣，兴之所至依然能够吟诵不少古人的名篇佳作。

上海解放时，秦裕琨正在上高二。这期间化学教师兼班主任狄宪章被查出是国民党的特务，对班级教学不无影响。好在秦裕琨基础扎实，他联合唐齐千以及另外一名同学夏寅荪，3人一起动手，编辑汇总了各门学科的复习资料，开始有意识地为报考大学做准备。最后在他们的不懈努力下，3人都考取了交通大学机械制造系。

报考交通大学

交通大学的前身是盛宣怀创立于1896年的南洋公学。当时督办铁路总公司业务的盛宣怀秉持"自强首在储才，储才必先兴学"的信念，上书光绪皇帝，建言尽快成立一所理工大学。鸦片战争中，武器精良的英国军队击败中国军队，用武力打开了中国的大门，而此后在甲午海战中，中国军队惨败在日本海军手下。所有这些都使得成立一所致力于富国强兵的新式大学的需求变得迫在眉睫。靠着商界捐助的 8 785 两白银，南洋公学正式成立，首届招生 300 名。1897 年，一名美国传教士受邀成为这所学校的第一任西方研究学院院长，这标志着交通大学开始接受美国影响。

在接下来的几十年中，美式工程学院的课程设置一直被交通大学当成样板来仿效。许多教师都有在美国接受教育的背景，课程基本上与康奈尔大学和麻省理工学院保持一致，所有课程以英语讲授。1928 年，学校划归铁道部后，办学经费充盈，校园规模扩大，师资力量雄厚，学科发展迅速，成为以工科为主，兼重管理、理科的全国著名理工科大学，有"东方 MIT（美国麻省理工学院）"的美誉。历经抗日战争的艰难岁月，交通大学的发展历苦弥坚。抗日战争胜利后，交通大学迅速恢复和发展理、工、管相结合的院系建制。特别是上海解放后，交通大学贯彻落实新民主主义教育方针，积极参与新中国高等教育建设。师生们响应党和国家号召，纷纷投入到工业化建设的热潮之中。解放初期，上海的工业基础远远优于北京。

1950 年，秦裕琨报考大学之前，姐姐秦裕瑶立志投身教育事业，在震旦大学教育系就读；大哥秦裕琛继承父业，1950 年 5 月到天津联合银行工作；二哥秦裕琏在之江大学（后并入浙江大学）就读，学习机械。4 个孩子中"工、学、商"都有了，秦曙声打算让秦裕琨学农，但秦裕琨有自己的想法，他所经历过的一切都清楚地向他表明，科技不仅关乎国家安全，对于工业发展也至关重要。"中国要强大，必须工业化"，秦裕琨倾向于选择工科，他知道这是一门对国家建设和社会发展更适用、更急需的学科。

新中国刚成立不久，没有全国统一考试，华东地区公立大学、华北地区公立大学以及各私立大学分别组织考试。秦裕琨填报了交通大学机械工程系，因为他认为国家要富强，就一定要实现现代化、工业化；同时报考了清华大学电机系，因为听说以后所有东西都要电气化，不需要人工操纵，所以电机很重要；因为本身对数学、物理感兴趣，还报考了大同大学数学系（后并入复旦大学）和之江大学物理系。随后，秦裕琨收到了这4所学校的录取通知书，到底要去读哪一所，秦裕琨该做最后的决断了。

"其实说起机械我也不懂具体是做什么的，但是我想新中国成立，国家要发展，首先得发展工业。我也向我的哥哥们了解到，工业最重要的是机械工业。飞机、大炮、坦克是机械，汽车、轮船、火车也是机械，国家迫切需要机械方面的人才。"最后秦裕琨下定决心，放弃个人喜好，为国家工业化读书，在清华大学和交通大学之间，秦裕琨选择了后者。

1950年8月10日，上海的各大报刊纷纷登载了"华东、东北区公立高等学校统一招生的笔试录取名单"，秦裕琨如愿以偿地进入了交通大学机械工程系。

这一年，秦裕琨17岁。

大 学 生 活

交通大学是典型的由三个学院组成的大学，理学院、工学院、管理学院，这三个学院每个都不少于三个系。其中工学院有土木、机械、电机、造船、纺织、航空、水利、化工、轮机和工业管理等10多个系，居全国之冠。理学院有数学、物理、化学等系。管理学院则设有财务、运输、电讯和航运等系。1950年，各系录取的名额为30到60人不等，全校招生总数为718名[1]。秦裕琨所在的机械系报到时只有不到50人。

交通大学的教师对学生要求非常严格，有几位名师对秦裕琨

---

[1] 引自《上海交通大学校史第五卷》第20页1949—1959年招生人数统计表。

一生影响很大。教高等数学的徐桂芳讲课条理清晰、言简意赅，板书极佳，积分符号写得非常流畅；教物理的殷大钧出身麻省理工学院，斯文儒雅、知识渊博，上课娓娓道来；教金属热处理的系主任周志宏是哈佛大学博士，在开拓中国合金钢及铁合金方面做出了重要贡献；教机械设计和机械零件的是机械系系主任庄礼庭，是我国知名的机械工程专家，后调至西安交通大学，曾任校长；教电工学的裘益钟老师基本功扎实、思路敏捷，据说后来在六七十年代"考教授"时得了第一名……这些老师不仅在业务上对学生严格要求，更在生活上、思想上对他们关怀备至。从这些老师身上，秦裕琨不仅学到了知识，还学到了如何做人、做研究。

秦裕琨担任了学习委员，他们的主要课程均配有助教，助教上习题课、检查作业。秦裕琨觉得学习很重要的一点就是主动性。在他看来，学习不只是简单地做作业和背公式，而是要理解内容、整理和梳理知识，吸收内化为自己的知识。大学期间，他常常先预习，在课前就把作业完成了，有不会做的题目，老师讲的时候他就额外留心，弄明白之后就把原来不会的几道题补上。下课后，他第一时间完成老师布置的课堂作业。好习惯养成之后，对学习非常有帮助，慢慢地，秦裕琨对知识的掌握和运用越来越娴熟。根据各个任课教师的不同习惯，考试形式也有所不同。大多数采用期中考试、期末考试的方式计分。有些老师还在平时安排测验，10分钟做2道题，记小分。由于学习方法得当、能力出众，秦裕琨每次考试成绩都很好。

大学阶段关键是打基础，培养能力，素有"门槛高，基础厚，要求严"之称的交通大学尤其注重这方面的优良传统。解放初期百废待兴，全国各地急需建设人才。为了尽快培养人才，当时的交通大学也是以教学为主，科研工作相对薄弱。虽然如此，在课程安排上学校也是煞费苦心，以期让大家学到更多的知识，最大限度地提升能力。一开始，学校使用的教材基本上都是以欧美原版或者教师根据欧美教材结合实际情况编著的讲义。不过，有些教师上课所用语言是蹩脚的"洋泾浜"英语——专业词汇及定义用英语，详细解释就只能用中文了。1952年以后，学校开始统一使用苏联教材。苏联基础课教材系统、严谨，理论性、逻辑性强，符合交通大学重视基础课教学的传统，如别尔曼的《高等数学》、福里斯的《物理学》、伏龙科夫的《理论力学》、别辽耶夫的《材料力学》等都比较受欢迎。

秦裕琨刚刚入学时，交通大学在教学方式上延续了新中国成立前欧美教育的老传统，专业划分不是很细，面比较宽，注重打基础。当时，交通大学的机械工程系分为机械制造工程（机械制造专业）、动力机械（含动力机械和汽车制造专业）和起重运输机械（蒸汽机车制造专业）3个系。以机械制造工程系为例，当年招生专业又细分为机械制造工艺、金属切削机床和刀具、金相热处理、铸、锻（以后又增焊接）等，比如今大学设置的相同专业覆盖面大得多。

学校管理人员不多，机械系有一位系主任与一名秘书，负责教师调配、课程安排等工作。还有一名书记，负责党务工作。总办公厅一楼有个注册组，专门负责学籍管理，诸如全校学生的注册与缴费、公布成绩、通知补考等事宜。学生自己管理自己，由团委、学生会组织安排学生事务。

刚上大一时，鉴于学校离家并不远，从富民路到徐家汇有公交车，几站路就到，秦裕琨选择了走读，有时候骑自行车往返。班上走读的还有阮雪榆、林益耀等10来个学生，他们还专门成立了一个学习小组，秦裕琨是小组长。大二那年，学校有了统一规定，所有学生一律住校，秦裕琨这才不在家里住了。他和唐齐千等同学先是在学校大门左手边的南院住了一年，后搬到执信西斋，都是住的8人间。住南院时，秦裕琨和唐齐千同在113室，上下铺，后来虽然换了住宿的地方，两个人依然同住一间宿舍，依然是上下铺。

秦裕琨在上海交通大学机械与动力工程学院百年庆典上讲话（2013年）

交通大学的学风本来就很好，秦裕琨他们班级更是如此，特别是他所在的寝室，8个人都有勤奋好学的精神和见贤思齐的意识。住南院113室时，秦裕琨的室友林益耀曾笑言，该室东南两面临窗，"风水"极佳，夏日雨后一片蛙声兆丰年。后来果然走出了阮雪榆和秦裕琨两位中国工程院院士，"斗室两院士"或可与宋代"苏门三学士"相映成趣，传为佳话。

2013年4月6日，在闵行校区新体育馆举行的上海交通大学机械与动力工程学院成立百年庆典上，秦裕琨和毕业后留校工作的国际知名塑性成形技术（冷挤压技术）专家阮雪榆双双作为代表，先后在发言中回顾了自己当年的求学经历和在学校受到的教育对他们一生的重要影响。这两位同一个班、同一个宿舍的老同学抚今追昔，情真意切的讲话获得经久不息的掌声。

秦裕琨当然还和唐齐千保持着可贵的友谊。刚上大学不久，唐齐千身体不适，整个人都浮肿了，脸如满月。秦裕琨总是鼓励他，安慰他，让他坦然面对。许多年之后，唐齐千回忆说，交大的学生生活相当紧张，晚自习时，个别同学可能为了轻松起见，每每在黑板上画他的脸部"曲线"，博大家发笑，阿琨不但从不附和，还予以制止[1]。平时,秦裕琨也尽可能跟唐齐千在一起。他不仅在言语上,更是在行动上给了唐齐千最大的支持,两人之间结下了"无人超越的友谊"。

秦裕琨读书期间,南院还都是木结构建筑,室内没有卫生间,学校就在室外盖个大棚用作公共厕所。有一年刮台风,南院房子晃动厉害。为避免房屋倒塌造成人员伤害,半夜学校将住在南院的学生全部叫醒,将他们转移到体育馆坐了一夜。南院外面是条河沟(今为广元路),河沟对面是棚户区,再过去是农田。到了夏天,同学们用肥皂在脸盆上抹上一层,然后将脸盆扣过来扣过去,呼呼几下,脸盆内黑黑一层,有好几百只蚊子。秦裕琨和同学的大多数课程都在工程馆上,物理、化学等课则在科学馆上。教室内是长条桌、长条板凳。那个时候,学校中央是块大草坪,现在的教师活动中心原址是几幢小洋房,当时是教授公寓。

由于念大学学杂费和伙食费全免,全部由国家供给,因此学生上学没有经济压力。不仅如此,校内还提供一些工作,学生可以开展勤工俭学活动,如管理食堂等获取一些报酬。学生还可以去校外找一些工作,如家教等。秦裕琨有个中学同学的弟弟有残疾,不能上学,但他很想学些知识,于是秦裕琨就去给他当家教,因此获得一些零花钱。

入学后,秦裕琨和同学们都佩戴上了三角形的校徽,还有精美的银质系徽。后来学校新发的长方形白底红字的校徽当时在社会上颇引人注目。有一次,一位男同学不慎丢失了校徽,有女同学拾得并贴出小字报要失主备两斤花生米去领。那时候不成文的"规定"是1斤花生米,于是引起男同学纷纷写小字报指责,女同学则群起反击,一时间南院饭厅墙上"此起彼伏",好不热闹,最后还是厨师出来解围终于"平息"下来。

体育活动在交通大学也比较活跃。除了每年正常的体育课,

---

[1] 引自唐齐千《友谊长存,同窗十七年》手稿。

平时还有各种球类运动以及哑铃、杠铃、体操等健身活动。秦裕琨印象比较深刻的是德高望重的黄震亚老师，上课的内容和形式丰富多彩。学校也经常组织开展一些体育比赛，爱好相近、兴趣相投的同学们还成立了一些体育团体。不仅如此，舞蹈社、歌咏社、合唱团、演奏团等文艺团体也很活跃，这些社团不仅丰富了校园生活，也培养了学生们的能力。所有这些社团活动都不是学校官方出面组建的，而是学生自发成立的。这也从一个侧面说明了当时学生们的自主性。秦裕琨觉得自己在体育和文艺方面都没有什么天赋，就报名参加了魔术团。上海魔术团著名魔术师张慧冲每两周来校一次，教同学们如何变魔术，秦裕琨学得不亦乐乎。

学校也会组织一些集体文艺活动。有一次举行全校歌咏比赛，每个班级都参加，有必唱的曲目，也有选唱的曲目。"你看工厂里的机器，那个轰隆隆地响、轰隆隆地响。红旗挂满了车间、挂满了厂房……劳动的歌声，到处飞扬，嘿到处飞扬……千里万里的庄稼，一片金黄……翻身的农民，生产忙嘿生产忙。马路修得平又光，平地上盖起新楼房。飞机、那个火车、南来北往。拖拉机奔驰在集体农庄。不管是城市村庄，也不管是南方北方。在一切解放了的土地上，勤劳勇敢的中国人民，建设着美好的祖国、家乡……"这首必唱的歌曲旋律高亢优美、歌词激情澎湃，把当时新中国的美好社会景象、人民忘我劳动的精神面貌和建设祖国的巨大决心、对未来生活的无限向往淋漓尽致地表达了出来，大家唱起来都非常振奋。秦裕琨班选唱的歌曲是《我是一个兵》，4部合唱，演唱中班上一位同学一时慌乱脱口先唱了出来，但最终也获了奖。

大一时秦裕琨参加了学生会竞选，班里同学还出海报帮他做宣传，即秦裕琨平时表现如何，为何要推选他当学生会干部。秦裕琨当选为学生会学习部总干事，并加入了中国共青团，工作一年后，他又担任了班长。这些经历对他以后的工作、成长都大有好处，使他学会了如何与人共事、如何组织活动，树立为民众服务、为社会尽责的观念。

除了学校组织的丰富的文艺活动，最令学生们期待的就是学校每年组织的春假旅游。当时沿袭以前的规矩，每年公历4月4日是儿童节，虽说大学生早已不是儿童了，但在四月初也跟着放春假，有将近一周的假期。春假期间，学校组织了到杭州和无锡两个方向的旅游活动。在交通大学的第一年春假，秦裕琨和同学一行选择了到杭州游玩。大家兴高采烈地提着行李，上了学校包的专列火车，火车包含卧铺车、硬座车、闷罐车等各种车厢，到杭州得四五个小时的车程，学生们倒是不介意，赶上什么车厢就坐什么车厢。到了杭州，学生们就住在西湖边上市委党校的礼堂里，把礼堂平时开会坐的长椅一拼，就是一张床，这就解决了"住"的问题。至于"吃"，学校把大厨也叫去了，把大锅也搬去了，就在党校生火做饭。同时还在西湖边架起一座由九个喇叭摆在一起组成的扩音器，学生们形

秦裕琨（左一）和大姐、二哥在一起（1951年）

象地称之为"九头鸟"。秦裕琨和同学们早上出去闲逛游玩,沿着西湖闲庭信步,赏"水光潋滟晴方好,山色空蒙雨亦奇"的美景,中午听到"九头鸟"的召唤,就回礼堂吃午饭,每个学生领两个包子,晚上再遵循"九头鸟"的喇叭声按时回礼堂睡觉。就这样一个简单的小假期,让秦裕琨和同学们觉得轻松愉快,心旷神怡。

到了第二年春假,秦裕琨再一次到了杭州,由于上次春假已经把西湖游历了一遍,这次他就打算去找在之江大学读书的二哥秦裕琏玩。之江大学离西湖不远,坐落在钱塘江边上的一个小山坡上。当时正值秦裕琏也放春假,两人一合计,就决定去严子陵钓台游玩。

从钱塘江码头坐船到了富阳,哥俩都不认识路,下船后就跑到离码头不远的一个派出所,说想去严子陵钓台,那里的工作人员也不大清楚,告诉他们说好像不太远,走走就能到了。可是这一走,还没走到严子陵钓台就天黑了,一路上也没有旅馆。哥俩有些着急了,但总算途经一个杭州到建德的公共汽车站。车站上刚好有个人,这个人既是站长也是售票员,负责管理整个车站。哥俩说明想去严子陵钓台。这人一听,就热情地对秦裕琨他们说:"哎呀,天都黑了,还得爬个山。你们也去不了了,住我家去吧。"

就这样,秦裕琨兄弟俩跟着去了站长的家里。站长专门给他俩留了一个屋,在床板上铺上了干干净净的新被褥,还招待两人吃了顿晚饭和早饭。第二天早上出发前,下起了雨,站长又拿出蓑衣和笠帽给他们。就这样,两人一人披着一件蓑衣,戴着大笠帽,"青箬笠,绿蓑衣,斜风细雨"就上山去了,如愿到严子陵钓台一游。游玩一圈下山来,回到站长家中,把蓑衣和笠帽完整归还,没想到他把返程的车票都给秦裕琨他们准备好了。两人感激万分,付了车票钱,将在杭州买的原本打算带回上海的两把张小泉剪刀送给了对方。淳朴的民风、善良的人心,让秦裕琨感受到人世间的美好和温暖,并在以后的生活中努力将这份热心的温暖传递和延续了下去。

经历院系调整

1952年，秦裕琨上大二的时候，教学虽一如其旧，但变化接踵而来。全国高等学校的院系设置进行了大规模调整，建立起"苏联模式"高等教育体系，大力发展独立建制的工科院校。

20世纪50年代，对于当时世界上的绝大多数国家而言，重建或者恢复一个较为完整的工业化体系都是最为重要的任务。具体到新中国来说，加快工业化进程并建立一个完整的工业化体系更是巩固与维持政治独立的经济前提。1949年10月新中国成立时，全国高等学校在校学生不足11.7万人，其中工科仅3万人。1952年全国211所高等学校中，高等工业学校和高等工业专科学校只有33所，仅占全国高等学校总数的15%；高等农林学校和高等农林专科学校只有17所，仅占全国高等学校总数的8%；高等师范学校仅有12所，1952年初才增加到32所[1]。在这种形势下，随着国民经济的全面恢复和政治的趋于稳定，全国范围内发展高等教育、进行大规模的院系调整轰轰烈烈地开展起来了。

其实，在全国大规模的院系调整之前，交通大学就已经进行了几次调整。1949年6月，上海市军事管制委员会接管交通大学时，设有3院、17系、1个专修科和1个研究所。经过调整，1918年成立的管理学院被取消，其中财务管理并入上海财经学院（现上海财经大学），运输管理并入北方交通大学（现北京交通大学），船业管理与吴淞商船专业学校合并成立上海航务学院（现上海海事

---

[1] 刘海峰，史静寰. 高等教育史[M]. 北京：高等教育出版社，2010:82-83.

大学），电信管理并入电机系；校内工科中的工业管理并入机械，轮机并入造船。工科中1951年纺织也归为华东纺织工学院（现东华大学）。

  1952年全国大规模的院系调整开始后，交通大学的理科全部转入复旦，土木、化工、水利和航空等专业分别归入同济大学、华东化工学院等院校。沈世钊（现哈尔滨工业大学土木学院教授、中国工程院院士）1950年跟秦裕琨同时考到交通大学，院系调整时，沈世钊所在的交通大学土木系并入同济大学。所以，沈世钊是交通大学入学，同济大学毕业。这一年同济大学、大同大学、国立高等工业学校机械制造专业并进交通大学，变为大班。当时还闹了个笑话，原以为机、电、船基本上是"和尚班"，学校只安排了容纳人数很少的女生宿舍，结果女生人数远远超过预计而不得不重新调整宿舍。

  调整后的交通大学成为"多科性工业高等学校"，取消了学院建制，设机械、电机、造船3个门类，7个系，18个专业，14个专修科[①]。秦裕琨就读的机械制造系机械制造工程专业之前有近20名学生，其他3个专业各10人左右。大二上学期调整之后，机械制造专业分成甲、乙两个班。其中，原交通大学、大同大学、国立高等工业学校的学生合并成甲班，人数增加到70多；同济大学过来的学生则算作乙班。合并后学生水平出现差距，主要是大同大学、国立高等工业学校的同学基础和能力相对弱一些。为了让这些同学尽快赶上来，秦裕琨班级采用"互助组"的形式进行帮扶，一位老交大学生带两位非老交大的学生，共同提高学业。尽管同学们来自不同学校，但彼此间没有丝毫隔阂，互帮互助，关系非常亲密融洽。大二下学期分专业后机械制造方向分为两个班，动力、汽车和机车方向分为一个班。

[①] 引自《上海交通大学校史第五卷》第42页。

提前一年毕业

"五年计划"是中国国民经济计划的一部分，主要是对全国重大建设项目、生产力分布和国民经济重要比例关系等做出规划，为国民经济发展远景规定目标和方向。在秦裕琨大二最后一个学期期末时，学校通知，由于1953年国家开始第一个五年计划，急需人才，需要他们这一届3年毕业，原本4年的学习被压缩成3年，剩下所有的专业课程将在一年内学完，导致三年级课程高度集中，教学计划也因此有了相应的修订和调整。

机械制造工程专业新的教学计划规定，该专业的培养目标为"机械制造工程师"，具体要求：达到专业技术水平，生产性多于设计性，切削力加工的知识较为丰富，能根据设计图样解决生产计划的制订、劳动力及机床设备的调度、生产程序及方法的决定，夹具及附件的设计，生产潜在力的发挥等问题，并具有相当的基本建设知识。教学计划还特别强调，该专业的工程师在设计方面与"金属切削机床及其工具"专业的区别在于前者是根据生产上的特殊要求设计工具夹具，改装特种机床，后者偏重于产品设计[1]。

修订后的教学计划在理论学习方面比原计划减少5周时间，增加了主要专业科目如机械制造工学、金属切削机床等的学习时数，另外增加了一些课程如金相热处理的实验时间。与此同时，秦裕琨他们新的教学计划还明确了要进行三次实习：第一次为认识实习，时间4周；第二次为专业实习，时间7周；第三次为毕业实习，

---

[1] 引自《机械制造系修订机械工程专业教学计划的说明》上交档：永 –65。

时间7周。毕业论文方面，要求做一个产品全面设计，时间为15周。但是因为秦裕琨他们这届面临提前毕业，学校不仅取消了课程里的毕业设计，还把每一类课程都压缩成一门课放在一本书里来学，比如铸造就只有一本书和一门几十学时的课，锻造、机械设计、金属工艺学等也是如此。尽管这样，由于秦裕琨学的机械制造专业涵盖的范围很大，知识体系全面、庞大，所以学习任务十分繁重。面对排得满满的课程，秦裕琨和同学们像是春天的植物一样，尽情吸收着知识的养分。

课程虽然压缩了，但是质量却没有下降，机械设计、制造工艺、机床刀具、金属热处理、铸、锻、焊等课程都要学，大家都是早出晚归，十分忙碌。由于一学期要学9门以上课程，课时安排改为上午4节课课后休息20分钟，食堂工作人员送馒头至教室，每人两个，然后再上两节课。后来，秦裕琨回忆说，虽然在交大读书只有三年，但对思想的健康成长以及打下扎实的工科知识基础起到了非常重要的作用。

作为新中国第一届大学生，又是院系调整后的首届毕业生，秦裕琨和他的同学们经历了两种教育模式。用他自己的话来说就是："我们在政治与业务的旋涡中打转，真正的学习时间也就是两年半。但我们获得了坚实的知识，树立了严谨的学风，饮水思源。"

第三章

在哈工大"国内留苏"

一 路 向 北

1953年秦裕琨大学毕业时，国家已进入计划经济时期，学生毕业时实行统一分配。每人填志愿都必须写上"服从分配"，倘若没有这句话，将不予分配。当然如果实际情况真有困难，还是会酌情考虑。不过，每个毕业生在思想上必须有这个准备。事实上，"不讲困难"确实已成为那时候绝大多数人共同的觉悟。

彼时刚刚经历过抗美援朝，社会面貌焕然一新，人们的精神面貌也焕然一新。在这样的社会风气下，国家需要你去哪里，你就愿意去哪里。大家只有一个信念：建设新中国责无旁贷。

1951年秋新学期开学后不久，当时的华东水利部副部长钱正英到交通大学做报告，她慷慨陈词，其中一段话让秦裕琨记忆犹新："如果在你们工作以后，仍然觉得前进的道路崎岖不平，我还愿意继续用我的身体将道路铺平。换而言之，新中国成立后的新生活是无数先烈用血肉之躯铺垫起来的，如果你们觉得不够平坦，我愿意再去铺。"钱正英那极富感染力的报告，浸润了许多大学生的心田，也深深打动了秦裕琨。

终于要毕业了，在建设新中国舍我其谁这样一种氛围之下，秦裕琨自然也选择"到边疆去，到艰苦的地方去，到祖国最需要的地方去"。此时，他的父亲秦曙声、母亲徐慧因都进入花甲之年，哥哥姐姐们都已经去外地工作或求学。大姐秦裕璠1951年从震旦大学毕业后分配到华东师范大学图书馆，后到西安工作，留在那里。大哥在天津，二哥也于1952年毕业后分配到了长春，参与一汽锻造厂的组建工作。按理说,要求最小的孩子留在身边照顾父母也是情理之中,国家也会尊重个人选择,可是秦裕琨的父母不但没有这样做,反而鼓励儿子不要迟疑,想去就去,去为新中国的工业化建设贡献一己之力。

在家人的支持下,没了后顾之忧的秦裕琨在3个志愿上依次填写了东北、西北、华北——当时第一个五年计划刚刚开始,苏联援助中国的156个国家重点建设项目大多分布在东北、西北、华北,特别是东北地区共有56个,占全国三分之一还多。和秦裕琨做出了同样选择的唐齐千后来回忆说:"当时我与阿琨都只有一个想法,无条件服从组织分配,把知识还给劳动人民。"早在毕业分配结果下来之前,两个人就已经准备好行李铺盖,时刻准备着奔赴祖国最需要的地方。

1953年8月,秦裕琨的分配结果出来了,前往哈尔滨,到

交通大学在读期间的秦裕琨

哈工大做师资研究生。分配方案定下来后，学校发了个大榜，准备行装的时间非常紧迫，发榜后三五天就要出发，许多同学带上了棉袄和皮大衣准备迎接东北的寒冷。8月31日，上海方面特地为去东北的同志开了一趟专列，当天下午出发之前副市长金仲华专程去车站送行。场面很隆重，跟欢送新兵光荣入伍一样热烈。

从上海分配到哈工大做师资研究生的共有30多人，秦裕琨是临时队长。当然，队伍中也有他的老友唐齐千。只是当时，秦裕琨并没有意识到，他这一走，从此就在东北扎根一辈子。许多年后，在一次接受哈工大宣传部的同志采访时，秦裕琨回想起这次改变一生的决定，缓慢又郑重地说："我来到东北，就是国家的需要，不图别的，就图中国能够强大，能够不再受外国人的凌辱，中国人可以说'不'。"

从上海到哈尔滨，秦裕琨一行走了3天4夜。到天津时，正赶上辽河特大洪水，被困在天津一天一夜，后来决定绕道内蒙古，从通辽到四平再前往哈尔滨。因为超出预计旅程时间，秦裕琨和同学们随身携带的食物都吃得差不多了，到通辽时车站正好有卖西瓜的，一毛钱一个，又大又甜。因为买的人多，卖西瓜的应付不了，就让大家"凭良心"拿西瓜交钱，这场面对秦裕琨来说很新鲜，感受到了一种纯然的社会风气。

1953年9月4日一大早，火车抵达终点站——哈尔滨。秦裕琨一行兴奋地走出火车站，发现五六点钟的哈尔滨天已大亮，颇为诧异。街上冷冷清清，尚无行人。30多人的队伍行李也不少，怎么办呢？商量之后决定由队长秦裕琨带邱大雄、薛赓保两人先去学校找校车来接一下。

"请问哈工大在哪里？"秦裕琨一边走一边向清扫员打听方向。听说这几个年轻人要去哈工大，清扫员热情地告诉他们，就在西大直街上，离火车站很近。大直街是哈尔滨市区内的一条贯穿东西的笔直大街，位于全市中心，以黑龙江省博物馆广场为分界点，分东西大直街。

哈工大最初的校址位于原俄国驻哈尔滨总领事馆旧址。这座米黄色的建筑造型简洁优美，属于新艺术运动风格，其精美的哥特式浮雕和洋葱头式穹顶、高高的拱形大门、古老的吊灯以及蜿蜒的旋梯显现出浓郁的欧陆风情。新中国接手哈工大之后，为了培养更多急需的工业人才，开始扩招学生，而原有的校舍已经无法满足需求，为此在西大直街南侧新建了一座砖混结构的折中主义建筑"土木楼"。这座建于1953年的临街五层大楼在秦裕琨他们到来之前，才刚刚投入使用，彼时，它还没有一个正式的名字。"土木楼"之称始于1955年，主要是由于专业教学关系，相对1954年和1955年建成的哈工大机械楼、电机楼而叫响的。

问清路后不大一会儿，秦裕琨3人就到了位于西大直街66

20世纪50年代的土木楼

号、刚刚落成投入使用不久的哈工大主楼（土木楼），这座宏伟、庄严的新楼，平面为山字形，第一、二层和后楼连接在一起，形成一个方形城堡。看到它的第一眼，就能感受到它和上海楼房显著的区别。

敲开大门，3人向值班人员说明情况，学校很快派出了当时的"校车"——一辆马拉平板车去火车站帮这批新来的哈工大人搬运行李。马车是俄式的，平板车车身很矮，马拉着很稳，跑起来伴着清脆悦耳的嗒嗒马蹄声，很有一种韵律之美。秦裕琨和其他同学都是第一次见这样的"校车"，行李放在车上，人就跟在后面。这辆车，是哈工大留给秦裕琨最难忘的第一印象。

早上6点来钟，全体人员顺利抵达之后，学校马上安排他们到地下室吃了一顿"很香、很美味"的早餐——馒头管够吃，一脸盆牛奶当粥喝，小菜有油炸花生米和腌咸菜。那时，餐厅的服务员还都是"白俄"①。

他们的新生活，开始啦！

哈尔滨工业大学

20世纪五六十年代被称为"哈工大的第一个黄金时代"。哈工大始建于1920年，建校之初主要是为中东铁路培养工程技术人员。当时设立铁路建筑和电气机械工程两个科，学制4年，用俄语授课。1945年抗日战争胜利后，哈工大改由中苏两国政府共同管理，接受中长铁路局的领导。直到新中国接管前，学校

---

① 白俄即在十月革命和苏俄国内革命战争爆发后离开俄国的俄裔居民，后来也称苏侨。当时哈尔滨"白俄"人数众多，20世纪60年代，大部分人才回到了苏联。

设有土木建筑、机电、工程经济、采矿、化工和东方经济等系及预科。

1945年4月24日，毛泽东在中国共产党第七次全国代表大会上的政治报告中指出要为"中国的工业化和农业近代化而斗争"。1949年3月，他又在党的七届二中全会上强调了"中国由农业国转变为工业国的发展方向"。要实现工业化、建设工业国必须有相应的人才培养和人才储备，新中国成立后，百废待兴，国家的发展和建设急需工业类人才，这种情况下必须向外国学习先进的科技和经验。

1949年12月，新中国成立仅仅两个月，毛泽东一行访问了苏联，就中苏之间的重大政治问题进行会谈，其中主要是废除旧的中苏条约，不再同意把旅顺租借给俄国，要把中长铁路包括附属财产也一并无偿收回。在与斯大林的会谈中，毛泽东指出"中长铁路是培养中国铁路和工业干部的学校"。经过漫长的谈判，新中国终于达到最佳的预期目标。1950年2月14日，中华人民共和国和苏联在莫斯科签署《中苏友好同盟互助条约》，同时废除《中苏友好同盟条约》。

1950年6月7日，中央关于哈工大办学方针电告东北局，电报中称："中长铁路已决定将哈工大交给中国政府管理。"哈工大回归新中国，不仅标志着哈工大获得了新生，而且标志着哈工大与苏联专家的合作慢慢拉开了帷幕。6月7日也因此成为哈工大的校庆日。正是在这样的时代背景下，哈工大才成为国内两所"学习苏联教育经验的样板高校"之一，另外一所是中国人民大学。对于这时的哈工大，秦裕琨已经有所耳闻。

新中国成立前中国高等教育主要效仿西方，专业面很宽，而苏联则实行专业教育。新中国成立后，急需建设社会主义的高级技术人才，鉴于当时严峻的政治形势和复杂的世界环境，中央决定根据苏联高等学校先进经验和我国实际情况，尽快创办一所新型的高等工业学校，全面学习苏联。在国家需要的历史时期，哈工大很荣幸地承担起学习苏联先进经验、推动我国改革旧教育制度等历史使命。而学习最直观、见效最快的途径就是邀请苏联专家来华指导。

哈工大由于历史上隶属苏联管辖的中长铁路局，其教学体制与苏联一脉相承，历来都用俄语教学，哈尔滨地处的东北是第一个五年计划156个重点建设项目相对集中的地方[①]，加上新中国的建设百废待兴，哈工大作为一所服务铁路建设起家的大学，专业设置完全是工科化的，可以说与国家的需要紧密相关。因此，哈工大很快从众多高校中脱颖而出，成为当时学子梦寐以求的高等学府。

哈工大早期毕业生梅季魁回忆："1950年夏，国内高校较少，不少考生须持介绍信到各校所在地报名应考。当时，我手握三份报考介绍信，哈工大、东北工学院（现东北大学）、清华大学，我最终选择了哈工大。原因有二：其一，哈尔滨解放较早，有浓郁的老解放区政治氛围和良好的社会风气，强烈吸引着我们这一代青年人；其二，哈工大是学习苏联的重点大学，用俄文教学。苏联的优越社会制度、先进的教学体制，底蕴深厚的俄罗斯文化艺术等等，强烈地吸引着渴求知识的中国青年。入学后得知，有些来自关内和身为南洋归国华侨的同学到过多所高校应试，并收到上海交大、北京大学、清华大学等学校录取通知书，但最后选择了哈工大。还有部分同学已在上海交大、武汉大学等校读了一两年本科，居然也重新考入哈工大。"[②]

1951年4月19日，高教部党组送交了《关于哈尔滨工业大学改进计划的报告》，并得到刘少奇代表党中央的批复。报告提出：

---

① 周长源，李家宝，刘家琦. 与共和国同步成长的哈工大教师群体——谈三代"八百壮士"形成的背景、道路与特征 [J]. 哈尔滨工业大学学报（社会科学版），2000,2(2):11-15.

② 梅季魁. 情系哈工大 [N]. 哈工大报，2013-04-10.

该校拟改以培养工程师和理工学院的师资为主,着重培养重工业部门的工程师。同年5月,政务院第85次会议批准了时任教育部部长马叙伦在会上所做的《教育工作报告》。报告指出:"要大力加强中国人民大学、哈尔滨工业大学的工作,及时推广学习苏联的先进经验。"1954年4月20日,马叙伦和第一机械工业部部长黄敬共同签署了《关于哈尔滨工业大学工作的决定》,再次强调哈工大的办学方针是学习苏联高等学校先进经验,培养高水平的工程师和高等工业学校师资。

新中国成立之初,为改造从旧中国接手下来的高等工业教育,高等教育部决定以哈工大为基地,尽快培训一批掌握苏联先进教学内容与方法的青年教师,一部分用以组成哈工大新的师资队伍,另一部分输送到全国以起到学习苏联教学的桥梁作用。当时,中央关于哈工大办学方针的电报指出:"应着重招收国内各大学理工学院的讲师、助教和研究生,主要学俄文,两年毕业即分配到各大学任教,并翻译俄文工程方面的教材。为了增加该校的领导核心,已决定该校聘请苏联教授十人。"

作为工科学苏联的主要大学,国家对哈工大特别支持,聘请一批苏联专家陆续走进哈工大校园,传授各专业的教学计划、课程设置和各门课的教学内容,开始了他们在哈工大的工作历程。1951年至1957年末,哈工大先后从苏联26所高等学校中聘请了古林、克雷洛夫、罗日杰士特文斯基、卡岗和马依奥洛夫等5批62位苏联专家(不包括因院系调整而调往他校的10人)和3名捷克专家来校工作。1957年以后,学校又聘请了12名苏联专家。截至1960年,先后到哈工大工作的外国专家共有77位。每位专家来校工作一两年。在专家们的帮助下,哈工大进入了改建和扩建的重要历史时期。

这一时期,哈工大教师队伍中的中国人虽然在逐年增加,但整体上还是以新到的苏联专家和旧有的苏侨为主,再加上哈工大已经成为学习苏联教育经验的样板学校,所以当时去哈工大读书被称为"国内留苏",很受青年学子追捧。秦裕琨就是在这种历史环境下,开启了在哈工大的求学之旅。

秦裕琨这批研究生的任务就是向苏联专家学习并掌握教学过程,不同于现在的研究生,他们被称为师资研究生,既不用专门搞科学研究也不用撰写论文。为了培养直接吸收苏联先进科学技术的新师资,并使他们成为教学骨干,学校要求他们先在预科学习一年俄语,之后在学习专业知识过程中参加教研室的改造和新建工作。

预 科 时 光

根据当时的培养方案,秦裕琨一行人报到之后,按照报到先后顺序依次编班,先进入预科学习俄语一年。

秦裕琨在32班,并担任班长。"32"这个编号是从1949年11月哈工大开始招收中国研究生算起一直排下来的。到学校后不久,秦裕琨和他的同学还接受了一次测验考查。大多数人都通过了测试,有些人成绩不太理想,被学校调到了行政部门,极个别被退回了原单位。

哈工大预科的教学楼和学生宿舍最初坐落在南岗区中山路与和平路,教学、生活都比较方便。不久,解放军要创建第一所航校,急需一批校舍。哈工大师生积极响应国家号召,将预科校舍让给了航校,迁至郊区荒凉的沙曼屯,开始了边学习边搞建校劳动的艰苦生活。"沙曼"是俄语音译,意思是草房,条件很艰苦。

秦裕琨在哈工大的第一年就是在沙曼屯度过的。这里教室和宿舍都在工字房内——前面一排房子，后面一排房子，中间有走廊相连，走廊两边是水房卫生间。前面一排全是小教室，一个教室30多个人，后面一排同样的房子，和教室一般大，当作宿舍，上下铺，住宿条件十分简陋。师资研究生预科班每个班有一个教室一个宿舍。秦裕琨班上为数不多的几位女同学住在马路对面的和兴路西侧本科生预科的女生宿舍里，剩下的30来个男生挤在一起。秦裕琨和唐齐千正好住上下铺，屋内拥挤狭小，连张桌子也摆不下，要学习就只能去教室里。

工字房对面有座丁字形的灰色建筑，是本科预科学生的教学楼，食堂就在地下室。对于东北的寒冷天气，秦裕琨来前已有思想准备，饮食方面的不习惯却是他要克服的一大难题。冬季没有新鲜蔬菜，几乎全是存储的白菜、土豆和大萝卜，还有就是酸菜。主食不再是刚来时接风的大馒头，取而代之的是高粱米、粗苞米（玉米）面，很少有细粮。吃惯了大米的南方人，基本上咽不下去这些。后来，秦裕琨他们申请加菜，每人凑点钱，8人一桌，晚上每桌有个西红

20世纪50年代的哈工大预科校址所在地沙曼屯

柿炒鸡蛋。午饭没有加菜，就跑到本科那边的苏侨食堂。那边有时候会剩下一些大米饭来卖，菜买不到就要一点酱油，酱油拌饭也是一顿非常不错的午饭。当然，也有在上海享受不到的，每天上午课间休息时，就能听到从门口传来丁零零的铃铛声响，原来是苏侨老太太牵着奶牛到门口卖牛奶了，4分钱一杯，现挤的鲜牛奶，热乎乎的。

由于学校里没有浴池，天气好的时候，每个周末学校就会派一辆客车把学生们拉到洗澡的地方。每次洗完澡以后，秦裕琨都要和同学们在松花江边走一走，玩一玩。黄浦江和松花江，带给秦裕琨的感觉完全不一样。黄浦江畔浦西外滩"万国建筑博览会"华贵、浪漫、大气，松花江相对比较原生态。有时候，他们也会租船划到江对岸的太阳岛去玩。太阳岛上风光优美，秦裕琨他们铺个床单，在草地上一躺，喝着格瓦斯，带点吃的，来一场野餐，非常惬意。松花江江边常年立着一根高的桅杆，上面挂着风球，球越多表示风力越大。有一次秦裕琨他们到江北岸去，回来时风特别大，吹得人眼睛都睁不开。有不会游泳的同学害怕了，把鞋脱掉，抱着船不放。秦裕琨不怕水，和其他人一起使出浑身解数，好不容易才把船划了回来。

那时候松花江上还有不少渔人，他们打完鱼以后现场就卖，不分鲤鱼鲫鱼，大小都有，一毛五分钱一斤，但不让挑。有一次，秦裕琨他们实在找不到袋子装起来，正发愁没办法拿回去这么多鱼时，有同学及时贡献了一条裤子。于是他们把这条裤子的裤腿系住，把鱼放进去拎了回来。回来之后没有灶台做，就找附近的农家帮忙做好。那时民风淳朴，学生们与学校周围农家的关系都非常好，常常还有农家到他们宿舍取脏衣服帮忙洗。做完鱼，农家也不要钱，秦裕琨他们就留些鱼给人家作为报酬。晚上吃完饭时，大家坐在一起喝啤酒、吃鱼、聊天……

"说实话，我从小是在上海长大的，到了东北，更准确地说是在极其偏北的哈尔滨,刚开始时生活的确一点儿也不习惯。零下三四十度的严寒不说,像高粱米、大楂子、窝窝头这些粗粮,刚开始很难下咽。不过,我并没有怨言,反而会觉得充满了兴奋和期待。为什么呢?因为那时候不但哈工大正在扩建中,整个哈尔滨也都在搞建设,走出校门一看,一会儿这儿搞了个工程,一会儿那里又盖了个工厂,让人真真切切感受到我们的国家越来越好!"在秦裕琨的记忆中,那时东北的建设速度非常快,哈尔滨如火如荼、日新月异的变化更是他亲眼所见:到处都在起新厂房,一切都是欣欣向荣的。

在哈尔滨历史上,1953年确实应该是一个值得特别铭记的年份。这一年,国家第一个五年计划开始实施。作为国家重点建设项目最多的城市之一①,哈尔滨赫赫有名的十大厂——东北轻合金加工厂、哈尔滨汽轮机厂、哈尔滨锅炉厂、哈尔滨量具刃具厂、哈尔滨电表仪器厂、哈尔滨电碳厂、哈尔滨电机厂、哈尔滨轴承厂、东安机械厂、伟建机器厂就是这时候开始兴建的。哈尔滨也因此形成了以国有大中型企业为主体、重工业为重心的工业经济结构。不仅如此,这一时期,哈尔滨还新建和扩建了许多高等院校,特别是哈尔滨工业大学也按照苏联模式改造、扩建成综合性的工科大学。

看到哈工大在不断建设,看到哈尔滨在蓬勃发展,看到祖国在飞速前进,秦裕琨心里别提多高兴了。相比之下,个人的得失、生活上的不便也就微不足道了。以后在哈工大的日子里,秦裕琨虽然也遇到过一些挫折,但他并不以为然,因为他有着始终坚定、毫不动摇的信念——一定要把国家建设好。

---

① 根据国家第一个五年计划,黑龙江省是国家工业建设的重点地区之一,苏联帮助我国建设的156项重点建设工程,有22项在黑龙江省。国家在黑龙江省的基本建设投资总额,计划规定为25.6亿元,占国家工业投资的10.3%。

过 语 言 关

尽管在 1950 年中国政府接管之前，哈工大已经培养出不少人才，但是限于规模，所招收的大部分也是外籍学生。当时，设有土木建筑、机械、电气工程、化学、采矿等系，本科学生仅有 641 人，其中苏侨 510 人；教师 146 人，其中苏侨 120 人。教师主要由中长铁路有专业技能的苏联人组成，办学经费由中长铁路管理局拨付。

其实，为了改变这种现状，早在移交给中国政府前，哈工大就已经开始了校舍、师资、招生等方面的扩建。为实现扎根中国大地办大学，改变师资和招生以在哈苏侨为主的现状，哈工大在较短的时间内启动了"中国化"的改造。学生方面，1949 年暑期，哈工大开始面向全国扩招预科生；1949 年 11 月开始招收第一批中国研究生；1950 年暑假开始，学校又扩大了招收研究生规模。

秦裕琨就是在这样的时代背景下来到了哈尔滨，来到了哈工大。1951 年 3 月，以古林教授为代表的第一批苏联专家陆续到达学校，向苏联专家学习就成了学校的头等大事。按照学校的教学计划，第一步的教学目标是学习俄语，从字母开始，用一年多时间，达到基本"听说读写"的水平，并且适量掌握专业词汇，以便能够较好地听懂苏联专家的授课内容。于是，无论是本科生还是研究生，到哈工大的第一年都要先去预科班学俄语。

秦裕琨学习的俄语教材共有 5 册，是哈工大自己编的，其中有些汉语说明和生词汉译。教师大都是经验丰富的当地苏侨，女性较多，全部用俄语授课。秦裕琨的俄语教师叫娅果诺娃，是一位中年妇女，丈夫是原沙俄军官，他们住在秋林公司对面的俄式住宅。

这位苏侨老师很负责任，不仅课教得好，对学生也非常关爱，还邀请秦裕琨他们到家里去玩。

当然，刚刚开始上课时也有波折，娅果诺娃不懂中文，也不会英语，师生之间交流、沟通比较困难。教课的时候也按照教材讲，讲到"纸"这个词时，她就拿出一张纸，指给大家看，同时念出俄语。于是，学生们就明白了，哦，这是纸。拿支笔，念出俄语单词，大家也就明白了笔用俄语怎么说的。由于这种学习接近生活，学生们在强化训练中进步非常快。语法课则由中国老师教，虽然彼此沟通起来无障碍，但课上并非是"双语教学"，主要还是鼓励学生们说俄语。

预科对俄语学习的要求非常严格，课下自己预习，课上老师提问，并且人人都有"机会"回答问题——因为那时候上课实行苏式的"六节一贯制"，每节45分钟，要从早上七八点一直上到中午一点钟，学习时间非常长。为了尽快提高全班同学的俄语水平，身为班长的秦裕琨担任主编，主动带着几位同学一起在大厅里办了一份俄语学习板报。他们定期将俄语学习中遇到的疑难问题做了解答、梳理和总结，再经过老师审定之后，就成为有针对性辅助大家

20世纪50年代秦裕琨（站立者第一排中间）与同学们在一起

学习俄语的参考材料。编板报也是很好的学习机会，为了保质保量做出来，秦裕琨他们每期都得查阅很多学俄语的杂志、语法书等资料，不断学习，不断充实自己，进而帮助同学们共同进步。

相比英语而言，俄语入门较难，好在那时的哈尔滨学俄语的环境非常好——苏侨很多，哈工大学生练习口语非常方便。哈尔滨道里区和南岗区，早就是苏侨聚集区。俄式建筑因此也很多，还有不少东正教教堂，使得哈尔滨充满异国情调。苏侨们开了许多商店、餐厅、咖啡馆，最著名的是秋林公司，里面香肠、大列巴面包、啤酒、黄油等摆满货架。从学校到秋林公司可以乘有轨电车过去，车上好多友善的苏侨，很愿意跟中国人用俄语攀谈。平时周末，如果有时间，秦裕琨还经常和唐齐千等同学去哈尔滨苏侨俱乐部（今市科学宫）看俄语原版电影。不仅如此，由于国家接管哈工大不久，学校的清扫员、图书馆管理员、实验室实验员、医务所人员、门卫很多也都是苏侨，秦裕琨和唐齐千他们总是统一行动，一有机会就跟苏侨攀谈，慢慢地也就适应了俄语的环境。课堂上，大家都能用俄语回答老师的问题。

天道酬勤。秦裕琨的辛苦付出换来了期末考试的满分成绩——5分。倒是形影不离、一起苦练俄语的唐齐千出现了一段小插曲。原来，哈工大考试实行的是5分制的口试。当时要求朗诵一段课文，唐齐千本来就有些紧张，恰巧这时候又进来了一位俄国老太太，使他一分神念错了重音。懊恼之余，唐齐千觉得必然会影响成绩，但作为班长兼学习委员的秦裕琨很快告诉他，成绩是"优"——5分。原来，这位老太太是俄语教研室主任，娅果诺娃坚持原则，强调读错重音只能给"良"（4分），而老太太则坚持给5分，理由是"发音完全和莫斯科人一样"。

"正当梨花开遍了天涯，河上飘着柔曼的轻纱。喀秋莎站在峻峭的岸上，歌声好像明媚的春光……"为了强化俄语听说能力，教学课程结束之后，每天下午学校还专门安排一批苏侨大姑娘、小伙子跟秦裕琨他们一起聊天、唱歌。这类活动不仅丰富了同学们的业余生活，也使他们在娱乐中轻松地学习俄语，更重要的是同苏侨的直接交流加深了对俄语和俄罗斯文化的理解，从而形成了影响一生的俄罗斯情缘。脍炙人口的苏联歌曲《喀秋莎》《莫斯科郊外的晚上》，秦裕琨至今依然唱得非常好。

2010年6月7日晚，哈工大建校90周年校庆晚会上，时年77岁的秦裕琨还同周玉（中国工程院院士、时任哈工大副校长）、欧进萍（中国工程院院士、时任大连理工大学校长）、任南琪（中国工程院院士、时任哈工大副校长）、方滨兴（中国工程院院士、时任北京邮电大学校长）和怀进鹏（中国科学院院士、时任北京航空航天大学校长）一起出演了院士小合唱《喀秋莎》，中俄语各一段。6位院士的合唱被大家称为"科技含量最高的节目"，引来了一阵阵热烈的掌声和欢呼声，也带来了此台晚会的一个高潮。秦裕琨他们的演出，既让大家回忆起哈工大浓厚的俄罗斯情结，也令人们想到哈工大学子遍布五湖四海，承担着人类社会发展进步的重要使命。

当时秦裕琨的二哥秦裕琏在位于吉林省长春市的中国第一汽车制造厂工作。1953年冬天的一个周末，秦裕琏专程坐火车从长春到哈尔滨来看弟弟。火车是半夜到的，没有电车，也没有马车，秦裕琨就踏着风雪，戴着狗皮帽子，穿着大皮袄，在零下40摄氏度的气温下，从沙曼屯走到火车站去接二哥。出了车站，秦裕琏看见秦裕琨这副模样，笑着给了他一个拥抱，又拍拍他的肩头问："怎么样？后悔没有？哈尔滨苦不苦？"秦裕琨也笑着说："虽然艰苦，但我心里高兴，跟你一样，不后悔！"

1952年秦裕琏从浙江大学机械系毕业后，就来到了长春，参加一汽锻造厂的建设和生产，并被安排为苏联机械专家的接班人，参加了工厂土建、安装、调试和生产全过程。有了跟随苏联专家学习的经历，秦裕琏也非常期待秦裕琨的研究生生涯，他鼓励弟弟在预科好好学俄语，为跟随苏联专家学习打好坚实的基础。

为了更好地夯实俄语基础，1953年的寒假，秦裕琨选择了留在哈工大"闭关"，没有回家过年。冬天的哈尔滨外面非常冷，商场店铺关门早，没什么娱乐活动，正好适合秦裕琨在屋内学习。他完全沉浸于自己的世界之中，在废寝忘食的埋头苦学中不知不觉到了春节。

大年三十晚上，在食堂吃了晚饭之后，秦裕琨跟唐齐千等同学商量着也该好好过个年了。他们一起上街买回来一些牛肉，没法开火，就找附近的村民帮忙炖一下。炖完以后，他们送给村民一些作为报酬，剩下的用洗干净的脸盆满满地装回来加餐。大口吃肉，大口喝哈尔滨啤酒，大家的心情别提多愉快了……

在哈尔滨的第一年，尽管生活条件不好，但是秦裕琨自得其乐、心情舒畅、精神愉悦。用他自己的话来说，一是国家第一个五年计划开始。哈尔滨火热的建设场面让他看到了新中国的生机和活力，内心的激情与喜悦冲淡了南北生活差异带来的种种不适。二是开启"国内留苏"生活。念完预科之后，马上就能跟苏联专家们学习先进的技术了，因此对未来充满憧憬。在这个过程中，秦裕琨的俄语水平也得到了很大提升，为向苏联专家学习专业知识奠定了坚实的语言基础。

第四章

党和国家的需要就是我的专业

人生的转向

哈尔滨的秋天虽然短暂，却尤其美丽。夏天还没有来得及从容谢幕，草木已经将剩余的热情转化为浓得化不开的色彩。徜徉在这绚烂而干净的色彩之中，生活似乎也变得格外美好。1954年秋天，读完一年预科的秦裕琨，从沙曼屯搬回哈工大校本部，住进了刚刚建成的二公寓。相比预科，哈工大本部的住宿条件就好得多了，虽然还是上下铺，但每个房间住的人减少了——从30多人变成了8个人。

在这个美好的秋天，哈工大又来了一批苏联专家，其中有一位锅炉专家华西里·米哈伊洛维奇·马克西莫夫。马克西莫夫是莫斯科动力学院的优秀教师，当时他是副博士，还没拿到博士学位。奉命来中国支援哈工大时，由于人走了课题不能中断，马克西莫夫就把做了一半的课题留在苏联，交给另一个人继续做。那人把课题完成以后，拿到了博士学位，而马克西莫夫就没拿到博士学位，这对他来说是非常遗憾的一件事情。后来，有一次跟秦裕琨谈及这件事，马克西莫夫说，虽然很遗憾，但并不后悔。

新中国成立后百废待兴，其中有一项就是要发展电力工业、建电厂。以前，中国没有锅炉制造业，锅炉全部都是进口的。刚解放时，全国总装机容量只有300多万千瓦，并且60%在东北。当时全国的发电总量都赶不上现在的一个百万千瓦级的大型电厂。1954年，上海锅炉厂采用捷克的技术制造了中国第一台发电锅炉——仅仅是40吨、6 000千瓦的小锅炉，远远不能满足需求。

国家希望能够研发出属于中国人的锅炉制造技术，开创中国自己的火力发电行业。

1953年国家开始第一个五年计划，三大动力厂在哈尔滨筹备、开建，1954年6月，锅炉厂破土动工，它是新中国第一个现代化的电站锅炉研发与制造基地。当时，国家急需这方面的设计制造人才。新一批苏联专家来哈工大后不久，学校研究决定抽调一部分人跟随马克西莫夫去学锅炉，组建锅炉教研室，开始了机械制造系锅炉制造专业的筹备。

在此之前，中国并没有锅炉专业。秦裕琨本科期间学的是机械制造，来哈尔滨之前，交通大学还交代他要好好跟着苏联专家学机械设计，毕业以后再回去任教。为此，秦裕琨还特意买了一套俄语原版书《机械零件》从上海带到哈尔滨。现在，突然被抽调去学锅炉，去了的话，是不是之前的安排就全变了？

当时秦裕琨并不知道锅炉专业具体是干什么的，跟很多人理解的一样，他也以为锅炉就是一个锅加一个炉罢了，好像也没什么可学的。"我没有专业，国家的需要就是我的专业。"虽然打乱了之前的安排，但秦裕琨还是选择了无条件地服从国家分配。既然学校设置了这么一个专业，那就说明这是国家需要的，那自己就应该去学，还要好好学。于是，这一年秋季学期，21岁的秦裕琨在学习了一年俄语之后，尽管对锅炉一无所知，还是高高兴兴地改了行，来到了刚刚筹建的锅炉制造专业。

马克西莫夫非常友善、勤奋，毫无保留地将自己的所学传授给他的学生，同时也鼓励他们独立思考，增强自学能力，走出适合自己的学术道路。跟中国学生在一起的两年里，马克西莫夫前3个学期分别讲了"燃料与炉""锅炉设备""锅内过程"3门主要的专业课，第4学期指导两个班27名同学的课程设计和毕业设计。课程安排同预科一样，也是"六节一贯制"，上午讲专业课，下午是实验和课程设计等。

马克西莫夫所带的学生分为两个小班。其中一个班的14名同学是从外校过来跟苏联专家学习的师资研究生；另一个班的13名同学是从本科高年级中抽调出来的品学兼优的在校生。由于哈工大当时是本科6年制，而国内其他高校这一届很多是3年制，所以实际上这两个班的学生大都同年进入大学。

锅炉专业虽然名字叫"锅炉"，其实实用性很高，就业范围很广。很多学生毕业后也不都是搞本专业的，因为在锅炉中发生的各种化学反应、热工的转换等等，相关知识不仅可以用在锅炉行业，也可以用在别的专业，比如火箭、核潜艇等，原理都是一样的，只是燃料、用途各不相同罢了。所以有的人去研究导弹了，有的人去做火箭发动机了，还有人去搞核动力潜艇……都很成功。这27人中后来出了秦裕琨、徐旭常、庄逢辰3位院士，这样的班级在国内也不多见。

1954年秦裕琨（前排左一）就读哈工大师资研究生期间与苏联专家马克西莫夫（前排左四）合影

学习与实习

这一年,秦裕琨和好友唐齐千分别转向了不同的方向,唐齐千去了管理专业。秦裕琨又继续当了锅炉专业的班长。奚士光也是跟秦裕琨一起从交通大学来到哈工大,又一起学锅炉专业。研究生时,两人住在一个寝室并且是上下铺。

苏联专家完全用俄语授课。秦裕琨的俄语虽然已经过了口语关,跟专家交谈也没问题,但是大量的专业词汇还不熟悉。特别是在第一学期课堂上,有时候老师讲的内容第一时间反应不过来,只好以做笔记的方式把专家讲述和板书的内容全部记下来,一下子理解不

秦裕琨(右一)和研究生班同学邱大雄、奚士光一起学习(1955年)

了的就先用拼音写下来那个音，回头再用专业字典查大概是什么字。

班里学习氛围浓厚，下课后第一件事就是全班14个同学坐在一起对笔记，一起整理成比较完整的笔记。好在没过多久，大家基本上都适应了这种节奏，听课也几乎没有问题了。渐渐地完全掌握了俄语这个语言工具后，能够达到随心所欲的境界。平时查阅俄文资料，秦裕琨觉得看译版不如看原版。因为当时为了第一时间翻译大量的俄语资料，量产模式下造成了翻译水平不高的实际状况。对秦裕琨来说，看翻译走样的中文译文，远不及直接用原版来得快、理解得准。经历过一番"严酷"的俄语训练之后，再看俄文书籍时，秦裕琨脑子里根本不用翻译、不需要出现中文帮助理解，直接可以用俄语思考，跟看中文文献一样。兴趣和责任激励着秦裕琨更加努力，乐此不疲的他成为那批特殊学生中的优秀代表。

要学锅炉，刚开始秦裕琨却没有见过锅炉，不知道锅炉专业要学什么。为此他还闹了一个笑话：讲课时讲义上要画锅炉的简图，锅炉里有一个锅筒，实际上是很大的，秦裕琨没见过，就按照想象在讲义上画了很小一个，比例也不相称。

后来通过深入学习，秦裕琨逐渐了解到所谓的锅炉其实是分为两大类的。一类是工业锅炉，主要用于采暖或企业工厂使用，容量较小；而另一类是用于电厂发电的锅炉，容量很大。电厂有三大件：锅炉、汽轮机、发电机。锅炉产生蒸汽，蒸汽推动汽轮机旋转，汽轮机带动发电机发电。目前电厂锅炉已经发展到了百万千瓦·时的规模，每小时要消耗数百吨燃煤，产生3 000吨水蒸气，锅炉自身高度能达到近百米，相当于一个大型建筑。但是控制锅炉只需要几个人就够了，高度自动化。可以说锅炉制造业是一个庞大、复杂、高精尖的行业。这对当时的秦裕琨来说是无法想象的。

1954年冬天，秦裕琨和同学到当时全国唯一能够制造电厂锅炉的上海锅炉制造厂进行生产实习。上海锅炉厂在黄浦江边的杨树浦路，前身是外国资本在华设立的慎昌洋行所开设的慎昌工厂。那时候，他们依靠捷克的技术，生产了中国第一台发电锅炉，一小时可以发电6 000千瓦。虽然现在看来这技术很落后，但是放在当年是一个很大的进步。在此之前，中国的发电锅炉都是进口的，连最小规模的发电锅炉都无法自己制造，只会维修那些进口的小锅炉。

秦裕琨去实习的时候，正赶上造锅筒。上海锅炉厂没有先进的锻造设备，没有水压机，只能在露天搭一个大棚，下面烧焦炭，上面吊着一个大钢板，等钢板烧红了就放在预先准备好的模具上，工人们上去用大木锤一人一锤地敲打。由于钢板一旦冷了就得重新烧热才能继续锻造，而每次烧热都会使钢板掉两层皮，变轻变薄，所以不能加热太多次，必须尽可能快地锻造成形。这就增加了锻造工人的工作压力。秦裕琨他们实习期间，也跟着上去打了几锤，体验了一下。

在上海的锅炉制造厂，秦裕琨见到的只是锅炉的部件。锅炉很大，在制造厂只能是生产部件，到电厂才能组装成整台锅炉。即便如此，他对锅炉也有了一个初步的了解。直到1955年暑假去抚顺的电厂参加锅炉运营实习，秦裕琨才第一次见到了真正的锅炉——从苏联进口的130吨新式电厂锅炉，采用了燃烧煤粉的新技术，每小时的发电量能达到25 000千瓦。

1954年，在哈工大锅炉专业建设的同时，哈尔滨锅炉厂也开始同步建设，并且一直跟哈工大的锅炉专业有着紧密的联系。以后的日子，秦裕琨和他的团队，与哈尔滨锅炉厂在许许多多的项目上都有密切的合作。

国内第一个锅炉专业

基础扎实、勤奋聪颖的秦裕琨学业上名列前茅。马克西莫夫看在眼里，对他很是赞赏。再加上因为当班长的关系，秦裕琨和马克西莫夫等苏联专家接触得更加频繁了。特别是在组建专业的过程中，他作为年龄最小的组建者，不知疲倦地与苏联专家和同事们一道进行着专业考察、研讨工作。当然，这期间也发生了不少趣事。

秦裕琨至今还记得，那个时候新建的实验室需要采购设备，在苏联专家办公室，专家口述需要买什么设备，他就记下什么设备；需要买什么规格的，就记下什么规格；需要购买多少数量，就记下多少数量。写完交给专家看一下，签个字。那时候对苏联专家绝对尊重，他们签字的文件马上就要落实。就这样，今天置办一回，明天置办一次，陆续就把实验室的设备购置齐了。

有一次要买压力表做教学试验，马克西莫夫躺在办公室的转椅上，闭着眼睛把心中的清单口述出来。结果，记录的时候秦裕琨他们把压力表直径的规格由毫米写成了厘米，规格大了10倍。到东德订货，东德没这么大的压力表。但是，是社会主义兄弟中国要的，他们就马上特别定做了一款特殊的压力表。等系里拿到这些压力表一看，怎么这么大？摆在实验台上不仅用起来不方便也不好看，后来就用作教具了——打开一看，压力表内部什么结构都清清楚楚……

"由于当年苏联是计划经济体制，许多技术资料是不保密的，比如锅炉制造的全国性技术标准都是完全公开的，不像西方国家那样将其列为机密，所以我们得以通过苏联专家学到了很多知识，为中国锅炉制造业的开创奠定了坚实的技术基础。"许多年之后，秦裕琨表示，其实不单是锅炉制造业，对于当时几乎各行各业都处于一穷二白的新中国来说，苏联专家的帮助的的确确为社会经济的发展带来了极大的助益。随着哈工大有了锅炉制造专业，中国也就有了第一个锅炉制造专业。半个多世纪以来，哈工大的锅炉专业给国家和社会做出了巨大的贡献。

"如今想来，我们这一代人是很幸运的，因为我们见证了中国的火力发电从无到有的过程,我自己也成了新中国培养的第一代锅炉制造技术的技术人员。"虽然中国的学生没有能够继续接受苏联专家的培养,但是秦裕琨他们这些得到苏联专家传授知识的第一代人已经能够将自身所学进一步传授

秦裕琨(前排左三)就读哈工大师资研究生期间与苏联热工专家伯格留包夫(前排左四)合影

下去,并在传授的过程中继续深入研究,得出前人未有的发现。

1956年,哈工大的锅炉制造专业、汽轮机制造专业、水利机械专业从机械系分离出来,单独成立了动力机械系,开创了我国能源动力机械类人才培养的先河。动力机械系的办公室在机械楼二楼的两个楼梯之间,苏联专家的办公室在上楼以后左手第一个房间,秦裕琨他们班的教室正好在专家办公室对面。虽然专家们不用坐班,但是他们的工作量很满,很辛苦。

这中间还有一个小插曲:为了帮助哈工大尽快建立起锅炉专业的实验室,马克西莫夫曾经连续好几天趴在地板上,画实验台台架等的建筑外形、内部结构模型示意图。直到后来学生做课程设计、毕业设计,他才发现原来学校有专门的绘图室,里面绘图桌、丁字尺、绘图纸等等应有尽有。

热工专业的"传热学"和"工程热力学",汽轮机专业的"汽轮机"也是秦裕琨他们必修的课程。教这3门课的苏联专家都是40来岁,知识渊博、作风严谨,然而讲课的特点却各有不同。马克西莫夫习

惯拿几张小卡片,上面写着一些要点,有点类似现在的PPT。热工专家伯格留包夫来自莫斯科航空学院,他有详细的讲义,喜欢拿着讲稿上课。汽轮机专家格略芝诺夫来自莫斯科鲍曼大学,不仅没有讲稿,连卡片都没有,上课就是一根粉笔,讲课却很有逻辑性,推导公式,一写就是一黑板。几位苏联专家"传道、授业、解惑",让秦裕琨在专业学习方面打下了坚实的基础。

名列哈工大"八百壮士"

经过冯仲云和陈康白两任校长的扩建,到1953年时,哈工大已经有4 000多名学生,但师资力量还是紧缺,正、副教授仅有十余人。当时教育部为了支援哈工大迅速建设与发展,已经批准把头几批本科毕业生的大部分,以及专修科毕业生中的优秀者留给哈工大;与此同时,哈工大为了建设好自己的基础课、政治课等急需的教师队伍,就直接从未毕业的学生中截留一部分留校工作。

接任校长的李昌更是决心"自力更生,艰苦奋斗",借助苏联专家的力量,大力培养好青年教师和品学兼优的在校生,以增强现有师资队伍的战斗力。对此,他表示:"这就是毛主席所说的在战争中学会战争。"在1954年4月20日的全校扩大行政工作会议上,李昌提出了"功夫到家"的口号。9月,又在哈工大《1953—1954学年度工作总结》中进一步强调:根据两部(一机部和高教部)的要求,毕业生要达到高水平。我们的教学必须"面向生产需要,面向中国教学实际",做到"规格严格,功夫到家",保证把学生教好。①

---

① 周士元. 李昌传[M]. 哈尔滨:哈尔滨工业大学出版社,2009:201-202.

1954年10月5日，高教部发出《关于重点学校工作范围的决议》，第一次确定哈尔滨工业大学、清华大学、北京大学、中国人民大学、北京农业大学、北京医学院这6所高校为全国重点院校，这就对哈工大培养的技术人才提出了更高的要求，学校要满足国家培养人才的需要，就必须靠自己的力量造就一支过硬的教学科研队伍。秦裕琨赶上了这样的历史机遇。刚开始跟苏联专家学习不久，秦裕琨接到学校通知，让他做好准备给下一届建筑工程系暖通专业的研究生上课。

秦裕琨他们这些边学习、边教书、边建校的在校生被称为"小教师"。其实，早在1950年6月，第一次全国高等教育会议上，教育部聘请的苏联总顾问阿尔辛杰夫就指出，"苏联高等教育的改变是将大学从培养抽象的广泛的人才改变为培养具体的专门人才的机构"。当时的历史环境，也迫切需要高等教育适应国民经济发展，为培养各类专门技术人才服务。苏联办学理念直接影响到我国高等教育改革的思路和方向。作为学苏联的样板高校，哈工大更是如此。而这种培养理念和方式也使得"小教师"上讲台成为可能。

秦裕琨他们这些"小教师"在跟苏联专家学习的同时还肩负着低年级基础课教学的任务，并且跟着苏联专家一起筹建新专业。当时有规定，苏联专家在中国只给第一届研究生讲一遍课。秦裕琨他们1956年毕业，下一届学生的课程，则是由他们这些研究生来讲，苏联专家从旁指导。

各方面表现都很出色的秦裕琨，作为"小教师"中的一员，在"规格严格，功夫到家"精神的指引下，和大家一起扭转了哈工大师资短缺的困难局面。几年后，苏联专家合同到期全部撤走，哈工大整个专业的教学就都由他们来承担了。

1955年春季学期，秦裕琨正式站上了讲台。他教的第一批学生是采暖通风专业的同届研究生，以后连续三年他分别为采暖通风专业1957、1958、1959级学生讲授"锅炉与锅炉房"课程。"我

秦裕琨（前排左三）和研究生班全班同学合影（1954年）

第四章 党和国家的需要就是我的专业

们的血是热的，是沸腾的，那时候叫不流血的流血，大家都铆足了劲儿，义无反顾地往前冲。唯一的问题是不敢讲得太快，因为后面自己还没学过。"由于既做学生又兼任教师，白天跟苏联专家上课学习，晚上进行复习消化，秦裕琨几乎就没有12点之前睡过觉。即便如此，秦裕琨仍然担心自己学不好，给本科生上课时讲不好，讲不明白。"那时的学习压力很大，可又乐此不疲。"他反反复复斟酌推敲要讲的内容，一次又一次地修改整理讲义，一遍又一遍地模拟讲课……

自己还在学习过程中，却要给别人讲课，秦裕琨觉得，自己稀里糊涂的肯定讲不了，必须理解透彻，把所学的知识融会贯通才行。专家课上讲得比较简练，大部分是提纲挈领的内容。但是要给本科生上课就不能只讲这点儿东西，必须找参考书，大量收集资料充实讲稿内容。翻译过来的教材觉得不放心，他还得把俄语原版的弄通心里才踏实。

不过，好在俄文原版参考书非常多。当时苏联给中国优惠，原版图书的价格是一折，非常便宜。而且中央大街的中央书店里各类书籍应有尽有，特别是科技类的，基本上满足了秦裕琨查资料的需要。不仅如此，苏联方面还不要版权，可以随便翻译、翻印，极大地促进了知识的传播。秦裕琨他们每个人都有一大摞俄文原版书做参考。那个时候，学校印刷厂也在大规模翻印苏联专家选定的俄文书籍，学生每人都可以从图书馆借到一本。

听完专家的课整理好笔记之后，秦裕琨还要按照提纲查阅参考书，及时补充完善学到的知识点，够了讲一堂课的内容就整理成一次讲义——必须要准备充分，否则讲得快了还没下课也是麻烦事儿。"给学生上课责任重大，一定不能马虎。"秦裕琨告诉自己，当"小教师"是学校对自己的信任，自己学会，教好学生就是对国家最大的贡献。

秦裕琨给暖通专业的研究生讲了3个学期课，第一学期教锅炉，第二学期教锅炉房内部设备设计，第三学期做课程设计。他的讲义每次都要准备两份，一份中文的，一份俄文的，俄文的要拿给马克西莫夫审阅签字之后才能用中文版的讲义讲课——还不能讲得太快，后面自己还没有学呢。当然，土木系的一些课程机械系没有，自己没学过怎么给学生讲？没办法，秦裕琨也只能硬着头皮坐冷板凳，先自学明白了再"传授"给别人。

1953年秦裕琨大学毕业时才20岁，给研究生上课时也不过22岁。哈工大当时本科是6年制，所以秦裕琨教的研究生中有些人比他的年龄还大。但这些学生对他却非常尊重，对他的教学工作也非常认可。很多人还跟他终生保持了亦师亦友的亲密关系。

虽然"小教师"这一关被"逼"着过了，但是说实话，前两年的教学质量并不高，然而奇怪的是，秦裕琨带的这批学生后来的

1960年锅炉55级学生毕业纪念（前排左五为秦裕琨，前排中间是校长李昌）

成就却非常高，很多人都成为独当一面的科技精英。比如张经武当年毕业后调到东北电机学院工作，后来成立东北电力科学研究院，他又去那里担任技术改进部门的负责人，还当了院长，主要负责改进锅炉技术。因为从国外引进的新型锅炉虽然在原产国很好用，但是来到中国就会因为燃煤等各种原因发生问题。由于张经武的突出贡献，当年同行都称赞他是"东北一号锅炉"。

对此，许多年之后，秦裕琨曾经笑着回忆道："可能是我这个当老师的讲得不好，学生不得不课后阅读大量参考资料，反而提高了自学能力。当然，前提是学生的学习热情非常高。所以说，好老师好教材，不一定能教出好学生，但不好的老师，没有教材，教出来的学生也不一定差，如何培养学生的自主学习能力才是教学的重点，即便在当下也是如此。"

在跟随马克西莫夫学习的两年里，既要学习又要讲课，秦裕琨深深体会到自学的好处。后来，他常常跟学生们说："上大学，学知识的确很重要，但更重要的是学能力。"苏联专家指定的参考书，他也让班上的同学尽量保证每人一本，不买原版的，至少也得去图书馆借阅一本，方便随时查阅。基础夯实了，才能逐步培养发现问题、解决问题的能力。就这样，秦裕琨怀着"教好学生就是对国家最大的贡献"这种信念，开始了他的教学、科研生涯。

"果真是教学相长，通过教学我很有体会，讲一次课自己本身也是学习和提高的过程。因为面对那么多学生不能胡讲，必须深思熟虑，尽我最大努力确保自己讲的每一句话都是对的。如果学生听着不对，提出来你答不上来的问题，就尴尬了。专业课不能简单用对错来衡量，一定要准确，似是而非肯定不行。"在教学过程中，秦裕琨一直严格要求自己，尽最大努力做到最好。当然，难免也会失误。有一件小事至今让秦裕琨记忆犹新。在一次考试中，有位同学在回答煤炭燃烧产生的气体成分时写到了 NO_2（二氧化氮），秦裕琨给他判了错号。在当时，教材上只有氧气、氮气、二氧化碳、一氧化氮等气体，并没有二氧化氮。秦裕琨说："后来证明我是错误的，里面确实有这种气体，只是特别少，是百万分之几，而其他的是百分之几或零点几。现在看来，二氧化氮不仅有，而且有害。"

在给学生上课的同时，身为学生的秦裕琨也面临着课业考试。这期间，秦裕琨边学习、边讲课、边建专业，学习压力很大、非常累，但学习环境非常好，为他今后的发展打下了坚实的基础。那时候，学校人才培养的方式都是苏联模式，有着包括课堂讨论、口试、四级计分制、生产实习等一整套完整的做法。口试比较特别，抽签答题，一般是3道题，5分制。秦裕琨的专业课成绩都是5分，全优。

这一时期，哈工大的招生规模不断扩大，在校学生最多时达8 000余人，教师队伍迅速增长，1957年已发展到800余人，平均只有27.5岁，这时秦裕琨也仅24岁。他们承担了全部教学、科研任务。后来，李昌将他主持哈工大时期培养的这支充满活力、掌握先进科学知识的队伍称为"八百壮士"。善于培养、敢于重用年轻人的做法，使得哈工大的科研工作有了很大发展与提高，各专业与一些工厂、研究所建立起固定的科技协作关系，为实现教学、科研、生产三结合以及科研为国民经济服务打下了可靠的基础,并由此开创了哈工大历史上第一个黄金时代。

后来,苏联专家合约到期,陆续撤走,"八百壮士"在关键时刻发挥了中流砥柱的作用,丝毫没有影响哈工大大踏步地往前发展。1959年3月2日,中共中央发布《关于在高等学校中指定一批重点学校的决定》,哈工大被定位为全国16所重点院校之一。1960年10月20日,中共中央发布《关于增加全国重点学校的决定》,哈工大依然被列为全国32所重点院校之一。以后哈工大也一直在国家重点高校之列。

向科学进军

1956年是中国现代科学技术发展史上的一个重要里程碑。这一年1月14日至20日,中共中央召开关于知识分子问题的会议。毛泽东在会议最后一天讲话,号召全党努力学习科学知识,同党外知识分子团结一致,为迅速赶上世界科学先进水平而奋斗。按照分步骤、分阶段缩小与世界发达国家先进科学技术水平的差距的思路,周恩来代表党中央发出了"向科学进军"的号召。我国政府也先后制定出发展科学技术的"12年规划"和"10年规划",全国迅速掀起了"向科学进军"的热潮。

为了响应党中央"向科学进军"的号召,哈工大在苏联专家的帮助下,制定了《1956—1967年科学技术发展远景规划》。发展规划对哈工大培养目标、教学方法、学科设置、科研学术等做出了具体规定,指导了学校以后相当长一段时间的发展建设。这期间,教师们刻苦钻研业务,广大青年学生学习热情空前高涨,全校科学研究、学术活动蓬勃开展。与此同时，师生们在突破尖端技术方面取得了令人瞩目的成就。

其实，早在哈工大移交中国政府管理之初，就已经开始坚持教学与科研生产结合，为经济建设服务。之后，更是开展得如火如荼，1954年至1955年全校28个教研室的142名教师和84名研究生参加了183项研究工作，为工矿企业解决课题400多项。1956年开始，学校更是在尖端技术方面下了很大功夫，创办了数学及计算仪器专业，研制出中国第一台结构模拟计算机。秦裕琨记得，这一年学校还成立了学生科学技术协会。在各教研室的支持和具体的指导下，各系的学生科学研究小组开展了丰富多彩的活动，并且取得了很好的效果。在科学技术活动取得的成果基础上，许多同学进一步把它们发展成为毕业论文。

自1957年起，根据第一机械工业部的决定，哈工大陆续建立了14个研究室，其中包括动力机械系的锅炉、水利机械研究室。1958年，毛泽东指示，高等学校应抓住三个东西：一是党委领导；二是群众路线；三是把教育和生产劳动结合起来。毛泽东的"三点指示"引发全国教育革命高潮。哈工大开始与工业部门合作建立研究机构，各专业与一些工厂、研究所建立起固定的科技协作关系，为实现教学、科研、生产三结合以及科研为国民经济服务打下了可靠的基础。不仅如此，哈工大更是掀起了大办工厂和大闹技术革命的高潮，结合生产大搞科学研究，陆续成功研制出电子管仿型立车、会说话会下棋的电子计算机、超低频成套设备、高速摄影机、电渣焊新工艺等的尖端科技产品。

当时有个流行的说法——对有突出成绩的事，叫"放卫星"。哈工大那时放了不少"卫星"，所以有"厂校协作红旗飘，满城都夸工大好"的美誉。放了"卫星"，还要报捷[①]。当时，学校还成立了"红色文工团"，自编自演了许多反映学生生活的节目，话剧《第

---

① 引自袁礼周撰写的回忆性文章《在哈工大的若干回忆》。袁礼周，1928年出生，1949年到哈工大工作，长期在党团部门任职，曾任哈工大校党委副书记。

二个春天》《年轻的一代》等深受同学们的欢迎。文工团也将报捷的项目以文艺的形式表现出来,一时间,"报捷文艺"轰动了整个哈尔滨。

这期间,秦裕琨所在的锅炉专业也开展了各种科学研究,还向东德购置了一个用来做锅炉实验、汽轮机实验的50千瓦小电站,并专门建了一座电站楼用来安置设备。而锅炉专业要学习燃烧、传热、流动等方面的知识,具体应用也非常广泛。锅炉专业的毕业生有的去研究火箭发动机,有的去研究核潜艇……研究对象不同,但是有些基本理论一样。

1958年9月,根据第一机械工业部"哈工大要搞尖端,要增加一些新专业"的指示,结合当时形势发展的需要,哈工大进行了专业设置重大调整,陆续创建了航空工程、工程物理、工程力学、无线电工程等系和有关航天工程的一批尖端专业,调出了一些民用专业。同年,学校和工厂合作,师生和工人结合,总结和发展技术革命成果,这是厂校协作和贯彻党的教育方针的新发展。

这期间,秦裕琨等动力机械系师生深入到以三大动力为主的20多家工厂,与工人们一起开展技术革新与技术革命,将教育与生产劳动相结合渗透到教学工作的各个环节中去,把厂校合作的成果加以总结提高编入教学内容中去,获得了教学、生产、科学研究的全面丰收。

行 万 里 路

在秦裕琨的记忆里,20世纪50年代,哈工大的一切都是那么欣欣向荣。除了苏联专家来校培养人才、建设专业,哈工大也邀请了许多著名的科学家来校讲座。秦裕琨至今还清楚地记得，1955年至1957年，著名科学家钱学森、著名数学家华罗庚等纷纷受邀来哈工大讲学，这使哈工大教师受益匪浅。

1955年11月24日，理论力学教研室、机械工艺系和电机系、机械实习工厂、物理、锅炉制造、涡轮机制造、机械零件等单位的教师、工程技术人员、校系领导、包括当时秦裕琨他们这些研究生，共计百余人与钱学森就有关力学、科学研究等学术问题举行了座谈。1957年2月6日，华罗庚到哈工大讲学做报告时题词"聪明在于学习，天才由于积累"，鼓励哈工大师生努力为科学发展而奋斗①。

在科研水平不断提高、优良的学风逐渐形成之时，哈工大校园里学生的文体活动也变得丰富多彩起来。早在1952年初，学校就曾经把不能通过劳卫制考试的学生组织起来，请来著名的武术家李天骥教太极拳、太极剑代替体育课。竞技体育方面哈工大也开展得有声有色：1人破全国田径纪录、2人破全国射击纪录、5人破世界航模纪录、7人破世界航海多项纪录。学校共有32人达一级

秦裕琨（右）、唐齐千（左）在松花江上泛舟（1955年）

① 马洪舒. 哈尔滨工业大学校史（1920—2000）[M]. 哈尔滨：哈尔滨工业大学出版社，2000:177.

运动员标准、92人达二级运动员标准。其中，1953年，哈工大学生李建华获得首届全国冬运会花样滑冰女子单人滑金牌；1958年，黄强辉在莫斯科杯国际举重比赛中获得冠军，并以155公斤的成绩打破67.5公斤级挺举世界纪录……当然，秦裕琨在文体方面投入的精力很少，顶多就是和大家到太阳岛、松花江边转转。

由于学习和教学任务重，在师资研究生就读的三年里，秦裕琨甚至只回过两次家，但是每次都是边走边游玩——读万卷书，行万里路。

第一次是在1954年暑假，预科语言学习刚刚结束，新一批苏联专家还没有到学校。秦裕琨就跟唐齐千等几个上海籍同学相约先去北京玩两天再回上海。除了天安门等地，北大红楼也是秦裕琨等人到北京后必去的地方。那时候，全国高等学校院系调整已经基本结束，北京大学从红楼搬到了西郊。当年李大钊、陈独秀、毛泽东最早传播马克思主义和民主科学进步思想的重要场所，已经成为新成立的北京政法学院（中国政法大学前身）的校舍。

来到红楼，因为身上钱不多，秦裕琨他们就拿出研究生证，对管理人员说："我们是从哈工大来的，想在北京游玩几天，没地方住，能否在这里借住两天。"当时社会风气很好，管理人员见秦裕琨他们拿出证件，也就非常爽快地答应了。因为正好是暑假，空闲的房间不少，一分钱也没要，对方就安排秦裕琨他们住到学生宿舍里面去了。

1956年夏天，秦裕琨从锅炉制造专业师资研究生班毕业，之后正式留校任教。这次暑假，他选择了回家。不过，回上海之前得先去抚顺电厂带学生开展生产实习。实习快结束时，跟秦裕琨一起带队的老师突发急性阑尾炎，需要到沈阳的大医院做手术。电厂那边派了车，秦裕琨陪护着一起到了沈阳，结医药费时他把身上准备回家的钱基本用完了。实习结束后，家里汇给他的钱还没收到，秦裕琨不愿意再等，就让人等汇款单来了之后帮他寄到大连。

研究生同学唐克璋在大连，秦裕琨找他一起玩了两天。收到汇款单之后，秦裕琨告别唐克璋到码头附近的邮政局取钱时，却被告知汇到抚顺的钱在大连取不出来。没办法，离开大连的船票已经订好了，那就先走吧。按照原定计划，秦裕琨上船去青岛找同学邱大雄玩——两人之前约好了去邱大雄家小住几天。没想到的是，邱大雄也是一路旅行，还没有到家。而且由于通信不方便，他家里也不知道会有同学来。好在秦裕琨跟邱大雄不仅是研究生同学，还是大学同学，邱大雄的父母对他也是有所耳闻。就这样，秦裕琨白天出去逛，海边玩也不要钱，中午回来吃饭，晚上回来住。住了两天，邱大雄回来了。这就是秦裕琨暑假游玩的经历，跟现在的大学生其实差不多，同时也说明了那个年代既有激情燃烧的事业奋斗，也有激情燃烧的生活乐趣。

1956年暑假结束，回到哈工大以后秦裕琨的身份就完全是教师了，恩师马克西莫夫完成在中国的工作已经回到苏联。从此，由于历史原因，秦裕琨再也没有见过马克西莫夫。然而这位苏联专家扎实的学术功底、严谨的治学精神已经深深地印在了他的心中，落到了他的行动中，并且，秦裕琨做到了青出于蓝而胜于蓝。秋季学期，秦裕琨继续给暖通专业的学生上课，除了研究生，他也开始带本科生。教学也已经是轻车熟路，教学质量也在稳步提高中。

这一年秦裕琨23岁。

第五章

在波折中历练成长

生产一线

1958年兴起全民大炼钢铁、全民发电运动，很多教师被派往工厂。秦裕琨被派到了哈尔滨机联机械厂。

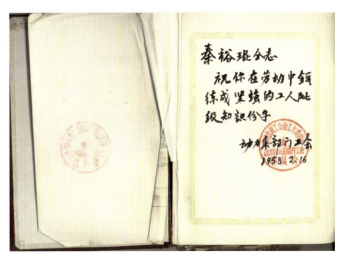

秦裕琨收到的工会纪念物品

在工厂，拎铁锹、抡锤头的力气活儿虽然干不了，但是秦裕琨发挥自己的优势，画图、搞技术革新，相关工作还是做得有声有色。工厂需要用到大量的型钢，如角钢、槽钢等，之前都是用斧头砸来切断的，很费劲。后来，秦裕琨所在的铆焊车间有了一台剪板机，但是切割后边上就变毛糙了，也不好看。秦裕琨就利用自己掌握的知识，设计了一副可以剪切型钢的刀具，很好地解决了这个问题。为此，哈尔滨市总工会还特意给他颁发了技术革新奖。

1958年秦裕琨被黑龙江省哈尔滨市工会联合会评为技术革新者

和工人们在一起的这一年,秦裕琨吃在工厂、住在工人宿舍,基本上融入了工人阶级,真正做到了从书本走向生产。"敢动真家伙了,不像之前只在书上纸上画。敢动手了,这对我的科研工作有很大好处,多大设备我都敢动手,说改就改。"许多年之后,秦裕琨回忆起那段跟工人相处、在工厂常驻的日子时表示,虽然不如在学校里教书做科研效率高,但却也因此感受到了工人阶级的质朴和真诚,了解了普通工人的生活。同时,也为自己以后动手进行科研实践奠定了基础。

秦裕琨所在的哈尔滨机联机械厂跟哈工大有着很深的渊源。跟秦裕琨一样,哈工大机械制造工艺及其设备专业的师生也曾在这里驻厂调研、工作,他们跟工人一起写了一篇有关积木式机床的文章《从设计"积木式机床"试论机床内部矛盾运动的规律》。1960年11月25日,《光明日报》发表此文后,《红旗》杂志第24期也立即进行转载。1960年12月6日,毛主席以《红旗》杂志编辑部名义写信给哈工大,要求再写一篇详细科学论著,充分阐述机床内部的矛盾运动。次年5月13日,《红旗》杂志在第9、10期合刊上,登载了《再论机床内部矛盾运动的规律和机床"积木化"问题》一文,并发表编辑部按语。

当时,由于中苏关系紧张,再加上三年严重困难,中国的各项事业都受到了不同程度的影响。粮食极度匮乏,一人一天只有8两粮,早饭2两,中午晚上3两。没有菜,也没有油。冬天的蔬菜好像也闹起了别扭,正常的白菜是有菜心的,但不知那时的蔬菜怎么长的,没有菜心,所以白菜也没法长时间保存了。于是人们就把菜帮子放到食堂的房顶上(食堂房顶是平房)风干,然后把风干的菜帮子用白水一煮,加上半个窝窝头,以此充饥。秦裕琨每次都把这半个窝窝头切成几片薄片留下来,等晚上回到房间,学习饿了就嚼上一片,直到12点、1点左右睡觉了,最后一片也嚼完了。

在如此艰苦的条件下,秦裕琨还挤时间上了学校组织的德语和日语补习班,并且达到了阅读文献资料的水平。只要有空,他就去图书馆查阅资料,俄语、英语、德语、日语的都看,并做了大量的笔记,知识储备得到了很大的扩充。

编 写 教 材

为了丰富教学内容,白天完成自己的各项活动后,晚上回到宿舍才是属于秦裕琨真正自己的时间,不管短时期内能不能用得上,他都坚持备课、收集资料、编写讲义,跟学生时代一样,深夜12点以前没有睡过觉。

讲课需要准确,写书更是如此,白纸黑字,写出来需要反复斟酌,最大程度做到准确无误。为此,秦裕琨投入了巨大的精力,不能把别人的拿来一抄就完事了,要有自己的观点和想法,这需要反复考虑。对秦裕琨而言，教书和写书对他以后搞科研非常重要。学就学好，干就干好，秉承这一理念，秦裕琨经过一年多的努力，终于在1959年完成了《蒸汽锅炉的燃料、燃烧理论及设备》的初稿，并由学校作为内部教材油印出版。

20世纪60年代初，国家抓教材建设，这本内部教材被选中。1963年，秦裕琨30岁，《蒸汽锅炉的燃料、燃烧理论及设备》一书由中国工业出版社正式出版，这是中国锅炉专业课程的第一本全国通用教材。为此秦裕琨拿到了2 000元的"巨额"稿费——那时一般刚刚入职的大学教师每个月的工资是56元。

锅炉实际上也是一个换热器，炉内燃烧产生的高温烟气传递给锅炉内的水和蒸汽。锅炉设计的一个重要环节是热力计算，用来决定锅炉受热面的尺寸。当时，传热计算按照苏联政府颁布的热力计算标准进行。秦裕琨和他学生的课程设计、毕业设计也要进行这样的计算。但问题是，无论苏联专家的讲稿还是相关教科书都只讲怎样算、用什么公式或线算图，并没有说明为什么这样算、这些公式和线算图是怎样得来的。虽然锅炉设计这门课另有人教，但秦裕琨觉得只知其然不知其所以然不符合教学要求。为此，他开始抽时间研究苏联热力计算标准。

要"知其所以然"比秦裕琨想象中复杂得多，好在他基础扎实，外语水平高，动手能力强，有苦干实干精神。秦裕琨先补充学习了辐射传热的基础知识，之后又查阅能找到的

《蒸汽锅炉的燃料、燃烧理论及设备》

秦裕琨（第二排右四）与学生的毕业合影

各种参考书和期刊资料等。经过不懈努力，1959年，秦裕琨对相关问题进行了集中思考、研究，终于整理出头绪，形成《炉内传热》的讲稿，为高年级本科生开设选修讲座。

在研究的过程中，秦裕琨还发现当时国内普遍采用的苏联《锅炉热力计算标准方法》中炉内传热计算方法的原则错误。这个计算方法基本公式推导有误，秦裕琨认为它只能看作一个纯经验公式，有局限性。秦裕琨的观点得到国内同行的认可。20世纪70年代末，中国要制定层状燃烧工业锅炉计算方法，秦裕琨作为技术负责人，提出了新的计算公式，承担了主编《层状燃烧及沸腾燃烧工业锅炉热力计算方法（机械工业部标准）》的任务。1981年，秦裕琨主编的全国统编研究生教材《炉内传热》由机械工业出版社出版，1992年修订再版，至今仍为我国此课程唯一的全国通用教材。

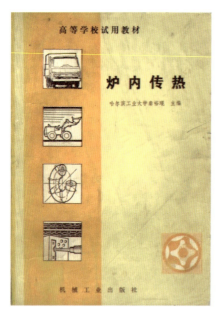
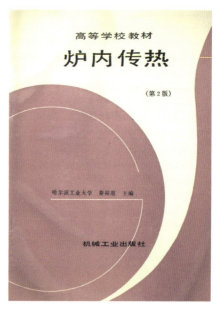

秦裕琨主编的《炉内传热》

结 婚 成 家

"死生契阔，与子成说。执子之手，与子偕老。""愿得一人心，白首不相离。"……人们常常用这样的诗句歌颂爱情，期许爱情。20世纪60年代初，已经完成《蒸汽锅炉的燃料、燃烧理论及设备》和《炉内传热》两本著作，在做学问的道路上高歌猛进的秦裕琨邂逅了自己诗歌一般的爱情。

如皋县（今如皋市）地处长江三角洲北翼，隶属江苏省南通市，风光优美、气候宜人，是有名的长寿之乡。1932年，秦裕琨的爱人许映珍就出生在这里。她的父亲是一个手工业者，经常把工厂里编织的工作承包给农村里的无业妇女，到时候再收上来卖掉。两个哥哥先后都在如皋的纺织厂工作。战争年代，许映珍家里既住过国民党的兵，又住过新四军的兵。两相比较，她对新四军的印象非常好，也曾想着有一天能参军加入这样一支部队。

"保家卫国不分男女，我也要去战场。"许映珍在医学院护士专业就读期间，抗美援朝战争爆发。1951年初，19岁的许映珍积极响应国家号召，报名参加机要干校学习，打算经过短期培训后直接去朝鲜战场。家里知道此事坚决不同意。

"打仗可不是闹着玩的，会死人的。""都像你们这么想，谁还去打仗？谁还会来保卫和平。我不怕死，我一定要去。"

经过一番争执，家人和许映珍谁也没有说服谁。为了防止她私自"逃跑"去参军，家人轮流把她"看守"起来。但是许映珍早已拿定主意，她去朝鲜不是为了谋生活、求职业，也没有个人的目的，完全是因为一颗纯粹的爱国之心，这一点和当年同样报名参军却因视力不好没去成的秦裕琨是一样的。最后在同学的帮助和掩护下，许映珍偷偷跑出去到了汽车站。家人闻讯也赶了过来。最后，在解放军的调解之下，父母满足了她去沈阳机要干校学习的愿望。许映珍含泪跟家人告别。

在机要干校，许映珍系统地学习了打字、收发电报、密电码等。这时候，朝鲜战场也发生了变化。1951年下半年战场局势缓和，到了7月10日，朝鲜方面与联合国军代表开始停战谈判。在这种情况下，许

许映珍在军校（1953年）

映珍这些本来要上战场的军人被要求待命。

随着抗美援朝战争的结束，许映珍也留在了东北。几年之后，她被分配到黑龙江省军区当机要秘书。一段时间后，又转业到哈尔滨市政府，住在市政府宿舍，吃在市政府食堂。当时卫生局调来一位女士，南方人，在食堂吃饭时结识了许映珍。这位女士的丈夫恰好是秦裕琨教研室的同事，也是交通大学的毕业生。一来二去熟悉了之后，他们就帮秦裕琨和许映珍"穿针引线"，介绍两人认识。

虽然经历不尽相同，但是秦裕琨和许映珍的人生观、价值观是一致的，因此两个人特别谈得来。

1962年元旦，他们走进了婚姻的殿堂。不过，当时正值困难时期，粮票肉票都受到限制，秦裕琨和许映珍的婚礼非常简单，哈尔滨这边就给大家每人发了几块喜糖。春节的时候，两人回到上海家里见了长辈，父母摆了两桌席，请了一些亲戚，就算正式结婚了。

秦裕琨与妻子许映珍新婚合影（1962年）

1962年春节秦裕琨与妻子许映珍在上海豫园合影

认识农村

1963年2月11日至28日,中共中央在北京召开工作会议,重点讨论在城市开展"五反"运动和在农村开展社会主义教育的问题。哈工大按照教育部、黑龙江省委的统一部署,陆续派师生组成工作队去搞社会主义教育运动。

1966年2月,秦裕琨等师生组成的工作队被学校派往黑龙江省嫩江地区讷河县(今讷河市)二克浅镇西庄大队。下火车后,正好赶上暴风雪，天昏地暗，对面不见人，伸手不见五指。全靠大声喊着："喂喂喂，后面都跟上。"他们背着棉被等行李，一个挨一个，后面的抓住前面的，出了火车站好不容易上了接站的大卡车。这种风雪交加的天气，大卡车上也不舒服。人蹲在卡车上，上面盖个运菜的棉被挡大风，就这样他们终于到了大队。下了车，离村子还有一小段路。这时候，大雪已经没了膝盖，走路非常吃力，迈一步都很艰难，秦裕琨他们拖着行李，几百米差不多走了半个小时。

当时要求实行群众、干部、工作队"三结合"，上级还对工作队强调了组织纪律和注意事项：必须同吃同住同劳动，吃饭要给钱，不准吃农户的肉、豆腐、大米、白面，不准与当地男女谈恋爱，不准介入农户男女关系方面的问题。秦裕琨他们围绕中央文件《农村社会主义教育运动中目前提出的一些问题》落实工作，听取农民的意见。

二克浅镇西庄大队在当地还算是个相对富裕的生产队，可是秦裕琨所看到的却是一片贫穷的景象。"我见到有一家人实在是太穷了，开春的时候没有饭吃，就到地里去捡去年秋天没有收干净的土豆。那些土豆被冻了一个冬天之后已经变得又黑又硬，拿回来磨成黑色的土豆粉再做成饼，以此充饥。"许多年之后，秦裕琨回忆起当年在农村的经历，不无感慨地说，不了解农村就不算了解中国。当时，农村生产力低下、物质匮乏的现状让他很受触动。

人生没有白走的路，每一步都算数。在机联机械厂，秦裕琨认识了工人，了解了工厂；在二克浅，秦裕琨认识了农民，了解了农村。秦裕琨在跟工人、农民的长期接触过程中了解了中国社会。他在想：仅仅在学校看不到中国大多数人怎么过日子，工人、农民还是社会的大多数，所以真正为人民服务，就要考虑国家大事、考虑人民，不能光想自己，我们这帮人吃喝不愁，好点坏点都不会饿肚子。比起工人、农民的苦难，我们自己的那点委屈又算什么呢？当工人、做农民我们自己做不好，但是我们可以教书育人，可以开展科学研究，为国家发展建设培养人才、贡献力量。

秦裕琨获得优秀团员证书

1963年秦裕琨（前排右三）所在231教研室获先进集体表彰

坚 守 初 衷

秦裕琨返回哈尔滨之后，正赶上"文革"开始。在特殊的历史时期里当然有着各种客观因素，但是关键时刻的选择还得看一个人的道德和良知。

这期间，秦裕琨的个人生活也开始出现困难，但是他有个朴实坚定的信念："人该干什么很简单，哪个时代都会有困惑，天天总是迷茫困惑，人生就虚度了。"回忆这段生活，秦裕琨惋惜中也有庆幸："这样的日子让人体会了人间疾苦，跨越了学术与实际的隔阂。更重要的是，苦难与挫折磨炼了性格和意志，使我们能在各种考验中保持平常的心态。"

当时在动力楼二楼的一个教室，秦裕琨和系里20来个老师一起学习，主要学的是《南京政府往何处去》《敦促杜聿明投降书》《别了，司徒雷登》等文章。除了学习，他们还要出去参加基层劳动，刨原油、烧锅炉……学校把原油从大庆用卡车运来倒在锅炉房挖的一个大坑里，冬天烧锅炉取暖再挖出来用。冻了的原油也是黏的，不像石头和土用镐子一砸就裂开了，冻住的原油一砸一个眼就是不裂，而且砸的时候油会崩出来，崩到脸上、衣服上遇热就化了，所以脸上、衣服上全是油，还不好洗。比起刨原油，烧锅炉原本还算"美差"，可若是把煤炼成焦，在锅炉上粘成一大块，再去烧也就麻烦了。没办法，他只能把焦抠出来……幸好，这个阶段只维持了将近一年。

"天将降大任于斯人也，必先苦其心志，劳其筋骨，饿其体肤，空乏其身，行拂乱其所为，所以动心忍性，曾益其所不能。"自始至终，秦裕琨一直没有放弃自己的理想和追求。他坚信，这种情况只是暂时的，并且无论什么时候，人，都应该有属于自己的选择。他凭借豁达乐观、坚韧不拔的人生态度，在逆境中愈挫愈奋，历苦弥坚。

"作为教师，备好课，教好学生，做好研究是永远正确的。"秉承着这种信念，秦裕琨深知，无论是理论研究还是工程应用，锅炉采暖都是党和国家的需求、人民群众的需要。于是晚上回到家后，他开始凭借自己扎实的俄语、英语、德语、日语基础，阅读最新的期刊文献，思考问题……在那个许多人荒废了光阴的年代，他依然坚守自我，凭借超人的毅力使自己的专业知识更加坚实。日积月累，秦裕琨的专业思路更加清晰完善。

温 暖 的 家

在这一段艰难岁月中，家庭成了秦裕琨最温暖的港湾。虽然生活清贫，但不管秦裕琨处于何种境地，许映珍都给予了他最大的支持。

读研究生的时候秦裕琨住在二宿舍，毕业正式工作之后搬到教师集体宿舍四宿舍427房间，两人一间。他结婚之后，室友搬到了别的寝室。这样，婚后的秦裕琨在宿舍里有了自己的家。虽然这个18平方米的家里基本上没有什么家具——两张床一拼就变成了双人床，除此之外就是一张书桌、一张方桌、一个书架，但是秦裕琨还是非常感谢学校和室友，至少他们的住房问题解决了。

做饭是生活中的一大难题。由于没有炉灶，秦裕琨他们家先是用灯芯很宽的大油灯烧水，效率很低，只用了很短一段时间，后来基本上就舍弃这种做法了。于是，两人又改回"在食堂里买饭带回去吃"的老套路。直到有了蜂窝煤,两人才又开始自己做饭。

蜂窝煤比较方便,不过有个很大的问题——压火,晚上做完饭要封起来,第二天早上有火才能继续用。这是一个技术活:压得太实就闷死了,压得太轻就烧透了。刚开始,秦裕琨两人都不得要领。第二天灭了得重新生火,用报纸、木头桦子引火,满楼道都乌烟瘴气。不过同事们都理解,也没人指责。后来楼里住户越来越多,谁家火灭了就借邻居家的火来烧,基本上就不用担心做饭的问题了。再后来有了煤气罐,几家人共用一个厨房,就不必在走廊里做饭了。

1963年,大儿子秦明的出生更是给两人增添了无穷的乐趣。1968年,小儿子秦江出生了,两个人在欣喜之余觉得肩上的责任更大了。由于这一年秦裕琨开始参加基层劳动改造,并停发工资近一年,每月只有11块钱的生活费。从这11块钱里扣完房钱、水电

秦裕琨一家

第五章 在波折中历练成长

家庭和个人生活

费等生活必需的开销,最后仅剩下几毛钱。

  但是,带着大儿子还要照顾小儿子的许映珍不但没有埋怨秦裕琨,反而对他更加呵护体贴。好在许映珍是抗美援朝过来的转业兵,没人为难她,每月的工资照发。虽然家里经济条件变得愈发拮据,但许映珍自己省吃俭用也要给家人改善生活,增加营养。买不起肉她就买一些最便宜的骨头,买不起菜她就买一些黄豆自己发豆芽儿,定期给家人煮一锅豆芽骨头汤……晚上秦裕琨回家逗逗孩子,跟妻子说说笑笑,并没有因为白天的不公正待遇而感到丝毫压力。对秦裕琨来说,那段时间,家就是一个避风的港湾,家的温暖让他更加坚定了自己的理想和信念。

第六章

学有所用

多 事 之 秋

1968年夏天，秦裕琨在"抓革命、促生产"的方针中回归正常的教学和研究。

然而这注定是一个多事之秋，国际局势风云激荡，当时国防科工委考虑到，哈工大和哈军工（现哈尔滨工程大学）是东北地区重要的国防院校，为了应对可能发生的战争，应该迁入内地。1969年12月20日，国防科工委给黑龙江省革命委员会①、省军区发函称："遵照军委办事组的指示，哈尔滨军事工程学院、哈尔滨工业大学要迅速搬迁到内地去……学校的设备、仪器、器材、物资、图书资料等均根据尖端教学需要和生活需要，随校内迁。哈尔滨工业大学将尖端专业和为尖端专业配套的专业及实习工厂，组成一个尖端教学单位内迁；民用专业留在哈尔滨，归省革委会领导。"

通知下达后，哈工大部分人员与绝大部分物资南迁重庆，与哈军工二系（原子能系）合并成立重庆工业大学。哈工大留哈部分与黑龙江工学院、哈尔滨电工学院合并组成新的哈尔滨工业大学②。这样，教学、实验设备，甚至教室里的黑板都拆卸下来，跟着桌子板凳一起搬到重庆去了，留下的部分就像是一个被掏空的壳子。

学校伤筋动骨，教职员工的命运也跟着变化。当时，一部分人跟着去了重庆，留在哈尔滨的老师有一部分插队落户，一部分

---

① "文化大革命"期间中国各级政权的组织形式，简称"革委会"，黑龙江省革委会即省委省政府。

② 马洪舒. 哈尔滨工业大学校史(1920—2000)[M]. 哈尔滨：哈尔滨工业大学出版社，2000:263-265.

工作中的秦裕琨

到山区建设基地,以备战时之需。最开始,秦裕琨得到的消息是要他到农村插队。志愿军出身的许映珍当然有更好的去处,但是她对秦裕琨说:"无论你去哪儿我都会跟着去。"为此,她还买了一台缝纫机。秦裕琨问:"为什么要买这个,你也不会用呀?"许映珍说:"不会就现学。有了缝纫机,我可以给你做衣服,也顺便给老乡们做点儿针线活……"许多年之后,回忆起当时的情景,秦裕琨还一再说:"家庭生活也是人生活中非常重要的一方面。我能够渡过难关,不被挫折和逆境压垮,离不开家庭给我温暖的理解和支持。"

不久之后,秦裕琨的去处定下来了,他被分配到黑龙江五常县(今五常市)山河镇,在那建基地,"备战备荒为人民"。1970年春季刚来,冰雪化冻的时候,秦裕琨来到了山河镇。黑龙江林区,最难过的日子是冬天,雪从10月份一直下到第二年的4月末,有时候五一还要下最后一场雪。

秦裕琨是幸运的,正好赶上了一年中大地回暖的日子。山河镇内有多条河流经过，水产资源丰富，植被覆盖率高，有大片的森林，自然资源十分丰富。因为建基地、盖房子需要木材，秦裕琨的工作内容就是伐木。当时的木材生产方式主要依靠人力，用大肚锯、弯把锯伐木，住的是工棚子、睡的是木杆大通铺，四五十人一屋。原始森林里的参天大树粗壮到一个人张开双臂都根本抱不住。大树砍伐下来要装到马车上，必须得8个人抬才行。50多年过去了，秦裕琨对此依然记忆犹新："一头一个大扁担，大扁担每一边又甩出两个小扁担。8个人把扁担抬到肩上后就绝对不能随便放下来，否则另外7个人都会受伤。所以，即使抬不动了也要咬着牙顶住。"

工作之外，这也是森林的好时节。这片广袤的原始森林，远离尘世的喧嚣，夏日山上野菜多的是，秦裕琨经常和大家一起采蘑菇回来吃火锅。肉有蛇肉，还有林蛙和鱼。当地的农民对秦裕琨他们这些文化人很好，经常抓蛇来送给他们吃。同去的队伍里有广东人，蛇羹做得一绝，虽然条件有限，佐料缺乏，但火候掌握得好，再加上众人平时吃肉的机会也少，所以每次做的蛇羹都很受欢迎。相比而言，林蛙和鱼抓起来就方便多了。盖房子打地基挖的坑在浇水泥之前，下雨会存很多水。由于坑太深，林蛙跳进去就出不来，所以一下雨就可以吃到林蛙了。秦裕琨他们门口有一条不宽的小溪，想吃鱼就用纱布把脸盆口扎住，中间挖个窟窿，把吃剩下的窝窝头碾成碎末扔到里头，往小溪里一放，鱼钻进去后溜着盆边走，出不来，用不了多久就有鱼吃了。

身体上很疲累，但精神上很放松，一直在城市生活的秦裕琨在山水之间感受到了大自然的魅力。更重要的是，伐木非得几个人合作，不是靠一个人能完成的工作，在锻炼个人意志的同时，也让秦裕琨对团队合作有了更深入的认识和见解。

许多年之后，回忆起在农村、在林场的点点滴滴时，秦裕琨也在庆幸，自己由此体会了人间疾苦，跨越了学术与实际的隔阂。更重要的是，苦难和挫折磨炼了他的性格和意志，使他能在各种考验中保持平常心态，有所作为，进而为后来的科研事业打下基础。①

节 煤 改 炉

1970年冬天，年关将近，学校派出一辆解放牌的大卡车将秦裕琨和他的同事接了回来。去时刚刚春暖花开，杨柳青青，回来时已是寒冬腊月，冰天雪地。从山上往下走的时候，大卡车一直在响，声音很大，不知道什么原因。蜿蜒的山路旁边就是悬崖峭壁，司机不敢紧急刹车，慢慢溜到平地上停了下来，下车一检查吓一跳，大货车一对轮子中间6个螺栓断了5个。幸亏处理得当，如果急刹车，剩下那个螺栓肯定保不住，连人带车势必跌落悬崖，后果不堪设想。大难不死，必有后福，秦裕琨一生好几次和死神擦肩而过，这是第一次。

回到哈尔滨之后，秦裕琨和锅炉教研室的同事一起到香坊松江胶合板厂接受工人阶级再教育。当时，这个厂需要用大量蒸汽，但是锅炉蒸发量不足，热效率很低。听说来了搞锅炉的教师，厂里就请他们帮助改造锅炉。但这些老师都是搞大型高温高压锅炉的，对低温低压小型锅炉从来没搞过，谁都不熟悉它的特点，也没有这方面的资料。

如今工人需要，那就毫无二话，干就是了。秦裕琨他们和工人一起画线、下料、抡大锤、弯钢管、边实验边改炉，终于成功了。

---

① 陈喜辉. 秦裕琨：普罗米修斯的事业[J]. 学理论，2004(2):2.

第一炮打响了，名声很快传了出去。哈尔滨市生产指挥部找到他们，请他们帮助改造锅炉。这下子，英雄有了用武之地，大家非常高兴。于是，教研室的老师们甩开膀子干了起来。他们先后走访了哈尔滨市五十多家工厂，调查了一百多台锅炉。这些锅炉结构陈旧，热效率低，性能很差，燃料浪费惊人，人们都称它们为"煤老虎"。经过调查统计，全国有这种锅炉大约 20 万台，年耗煤量占全国耗煤总量的三分之一，达 2 亿吨。一个对国民经济发展影响如此重大的领域，长期不被人们重视，这个问题是相当严重的。如果搬掉这个"煤老虎"，那对节约能源可是一件了不起的事情。他们看到了改造这种小型锅炉的重要意义。开始了由不自觉到自觉的转化，便积极投身到锅炉技术改造中来。

在"打倒煤老虎"的号召下，秦裕琨继续勤勤恳恳参加"节煤改炉"技术革新群众运动，大力改造效率低下的落后锅炉。他还注重锅炉技术的普及和推广，和同事们一起举办了锅炉测试、水处理、土法改炉、流化床锅炉、简易煤气炉、消除烟尘等各种短期学习班 20 多期。他们研制的沸腾燃烧锅炉可以烧煤矸石、石煤、褐煤等低质燃料。这种新式锅炉在通化矿务局、海拉尔乳品厂、黑河发电厂等地试验后都获得成功，反映良好。

在改造锅炉的过程中，秦裕琨遇到了第二次生死攸关的事情。那是从五常回来后不久，由于技术过硬，效果很好，秦裕琨去工厂很受欢迎。每次秦裕琨都去得很早，有一次他去了之后，锅炉已经点火开烧了，但车间里没有汽。厂里的工会主席正好来车间检查工作，督促开工生产。这时候大家才发现锅炉的三个安全环节都出了问题——压力表阀的门关着，打开一看，指针已经打到头了；打开锅炉房，发现安全阀的平衡锤挪了位置；出气门也关掉了，再晚一步就要爆炸，一爆炸就是人命关天的大事，真是不幸中的万幸。

还有一次危险是 1985 年 8 月 18 日松花江沉船事件。那天是周日,秦裕堃和家人一起到江北郊游。当天人特别多,从江北返回时好多人都在排队等大船过江。听见旁边有人喊"小船不用排队",于是秦裕堃一家就坐小船回去了。刚上岸,就看见大船在江心出了事故,船上 200 多名乘客全部落水,多数人不幸罹难。许多年后,谈起这三次有惊无险的经历,秦裕堃表示,世事无常,人应当活在当下,本本分分地做好自己,尽职尽责地完成使命。

1971 年以来,秦裕堃等人还去工厂做技术指导,为哈尔滨水泥厂设计了水泥窑余热锅炉,随后又在北京琉璃河水泥厂,大连、丹东、瓦房店、富拉尔基水泥厂等地推广,投产后效果都很好。

由此,他们闯出了一条新路,越走越宽广。没有资料就深入现场调查,自己动手积累,一台一台做试验,一项一项测数据。他们跑遍了哈尔滨市各个区,跑遍了松花江两岸、兴安岭两侧。北起黑龙江的爱辉(今瑷珲),南到云南的蒙自,他们的足迹踏遍全中国,在很多煤矿、工厂,甚至北京市某个刚刚建成的

秦裕堃在韶山(1978 年)

小区都慕名而来请学校去做锅炉改造。秦裕琨也由此锻炼和积累了丰富的实践经验。

在大量调查研究与亲自设计、改装等实践基础上,秦裕琨和同事们摸清了小型锅炉的特性,提出了一套完整的设计与改装小型锅炉的理论与方法,编著了《小型锅炉设计与改装》一书,由科学出版社出版,受到广大读者欢迎,重印数次。

热能工程教研室的教师们在业务上得到了很大的锻炼和提高。在编

《小型锅炉设计与改装》(第二版)

写了《小型锅炉设计与改装》后,又陆续编写了《企业热平衡》《节能技术》等十余本书,有的加印多次,供不应求;有的书中论点和方法被写进了国家文件或纳入国家标准。秦裕琨还参与编写了《锅炉水动力计算方法》《电站锅炉锅内装置设计方法》《锅炉强度计算标准》等指导性、法规性文件,参与编写了《锅炉热力计算标准》等书。

不 断 前 行

无论什么年代,无论什么事情,秦裕琨都是秉承"学就学好,干就干好;有所为,无所求"的理念,不去想做了对自己有什么好处,而是看对国家、对社会、对学校是否有用。就这样,秦裕琨一步一步沿着学校、社会、国家的需求之路不断前行,勤勤恳恳做工作,扎扎实实搞研究。不经意间回首时,他已跨越了许多技术障碍,

走在了领域的前列。

1976年之后，随着大庆油田的产量年年提高，华北油田的发现，大港、胜利等油田的相继建成，相关部门开始研究如何用石油代替煤来发电。原以为石油会比煤更清洁更高效，也好烧，不承想现有的设备用石油烧得乌七八糟，比烧煤冒黑烟都厉害，并且给锅炉带来很多事故。电力部非常重视此事，委托黑龙江省电力公司组织一个学习班，研究讨论这些问题是怎么产生的，应该怎么解决。

在历次运动中都没停止学习的秦裕琨，理论和实践都没有荒废，对如何合理使用锅炉、电厂怎么处理提出了一些建议。事实证明效果很不错。于是，电力部就让秦裕琨担任学习班主讲，带头来解决这个问题，同时还委托他写一本书，介绍怎么正确烧油。秦裕琨的理论使国家电厂燃油所带来的问题有所缓解。哈尔滨锅炉厂生产的燃油锅炉出了一些问题也找他去讨论，渐渐地，秦裕琨对如何正确烧油形成了自己的看法。

"只要党和国家有需要，工作什么时候都不会白做。"通过对燃油锅炉燃烧进行系统研究，并多次到各地燃油厂继续调研，秦裕琨结合电力工业出现的实际问题，编写了《燃油锅炉燃烧设备及运行》一书，1976年10月由水利电力出版社出版。这本书在兼顾液体燃料和气体燃料基础理论知识的同时，主要侧重油、气燃料燃烧器设计和燃油、燃气锅炉的运行，重点介绍了液体燃料、气体燃料的特性及其燃烧过程，油雾化器和调风器的原理、结构和计算，气体燃料燃烧器的原理、结构和计算，燃油、燃气锅炉的燃烧调整，过热蒸汽温度特性及调整方法等内容，还阐述了燃油、燃气锅炉常见事故的

《燃油锅炉燃烧设备及运行》

预防措施，受热面积灰和腐蚀的原因及预防措施。

不过，该书出版的时候，烧油风已经过去了。不是因为技术问题，而是发现中国其实没有那么多的油，所以就都停了。但是电力部看到秦裕琨的这本书观点新颖、脉络清晰，对实践有着开创性的指导作用；况且虽说烧油的电厂少了但并不是都不烧油了，基于这些考虑，中国电力出版社又请秦裕琨在此书的基础上主编了《燃油燃气锅炉实用技术》。

《燃油燃气锅炉实用技术》

或许正是由于无功利之心，秦裕琨能静下心来做好当下的研究，而所取得的研究成果又为他进一步攀登科技高峰奠定了基础。时光不会辜负一颗上进的心，总会给人"无心插柳柳成荫"的惊喜。除了上文提及的《蒸汽锅炉的燃料、燃烧理论及设备》和《炉内传热》，他人生中还有好几本专著当时在国内都尚属首例。

陋 室 铭

秦裕琨的教学、科研工作逐步取得了不少成绩，不过一家四口的生活条件并没有得到改善，仍然住在 18 平方米的宿舍内。

一开始，大床旁边摆着一张单人床给两个儿子秦明和秦江。随着两个孩子慢慢长大，晚上睡觉时就在两张床之间放两张板凳，上面再加一块木板，这就算一张简易的床了。即便这样，也非常挤，秦明、秦江两个人只好头脚相对而眠。于是，秦裕琨常常在夜里听到他们的

全家福（1977年）

1977年秦裕琨一家在松花江畔防洪纪念塔前留影

"争吵"——你的胳膊压到我身上了,你的脚差点儿伸我嘴里了……

当然,那个年代像秦裕琨一家这样住筒子楼的现象很普遍。秦家有两个男孩子还是好的,有的家庭有儿有女,孩子长大之后就不太方便了。于是学校专门开会讨论如何解决这个问题,最后腾出几间房子,让长大的女孩子和男孩子分开住。

秦裕琨一家住的宿舍里除了睡觉的床,还有一张吃饭用的方桌和工作用的书桌。方桌和书桌之间仅能放下一把椅子。工作时椅子对着书桌,吃饭时椅子对着方桌。两个儿子晚上回家要做作业,一个人在方桌上,一个人在书桌上。秦裕琨只好跑到厨房去"做作业"。

彼时,同在四宿舍住的6家人共用一个厨房。厨房里有个烧煤气罐的炉台,水泥砌成的,上面有张放炊具,还有一张放菜板、碗筷的桌子。晚上大家都吃完饭后,厨房没有人了,秦裕琨就把菜板、碗筷挪走,开始全神贯注投入到科研的世界中去。他的许多讲义、教材就是在这样的环境里写出来的。

虽然物质生活条件艰苦,可小孩子们只知欢乐,秦裕琨和许映珍竭力为秦明、秦江构筑了一个美好的童年。秦明、秦江作业不多,没有补习班,社会上也很安全。家长们上班忙,这些小伙伴做完功课,就在脖子上挂把钥匙,三五成群地满世界跑着玩。

对秦明、秦江来说,并不是只能学习文化课,只要不干坏事,无论有什么爱好,秦裕琨都不但不会干涉,反而因势利导,积极加以培养。上小学的时候,秦明身体比较孱弱,经常感冒发烧,为此还休学一年。刚开始秦明在家待得郁郁寡欢,别人上班的上班,上学的上学,同龄人也没有谁能整天和他玩。正当秦明有些苦闷的时候,一个偶然的机会,他在外面认识了个习武之人。秦裕琨很高兴地鼓励他跟着学下去,也分享了自己小时候的习武经历。他告诉秦明,不拘拳脚棍棒,练武对身体有好处,于是秦明就在外面跟着学了一年武术。

除了武术,秦明花费时间最多的爱好还有看书。半文半白的《三国演义》《水浒传》《红楼梦》《西游记》他都看得津津有味,也喜欢给别人讲草船借箭、孙悟空打妖怪的故事。梁山好汉霹雳火秦明跟自己同名同姓的事情更是让他兴奋不已。这种以玩为目的的读书行为，不仅让秦明记住了很多知识，也培养了他受益一生的阅读习惯。那时候，毛泽东大力提倡艺术要为广大工农兵服务，因而出现了很多通俗易懂、为广大人民群众喜闻乐见的连环画。秦明对这类小人书非常痴迷，同时对画画也产生了浓厚的兴趣，自己没事就照着小人书信手涂鸦。有一次，母亲许映珍发现之后说画得不错，想学的话可以好好练练。于是，家里专门给秦明找了个地方学绘画。

秦明对航模也很感兴趣，父亲还给他订了不少航模杂志。秦江的爱好主要是看小说。他一个同学的父亲是杂志社的编辑，家里面有大把的小说类杂志，秦江不仅把旧的看完了，每次来新的也一一借来看个遍。对这些，秦裕琨都无条件地支持。偶尔有时间了，秦裕琨还会陪儿子一起出去"捡铁、拾粪、收集榆树条子"，以便完成学校的任务。

不过，玩归玩，秦裕琨对孩子们的学习还是比较看重的。秦明还记得小学二三年级的时候，有一次算术只考了30多分。秦裕琨就问："你怎么学的？怎么考得这么低？"秦明说："我们班有比我还低的呢！"话刚说完，父亲的巴掌"啪"一下就扇下来了——不用跟别人比，但是要跟自己比。从此秦裕琨开始关注孩子们的学习方法，告诉他们事先要预习，再听老师讲课就能理解得快一些，不懂的要多问，学了要多练……秦明自己也清楚了学习的重要性，越来越用功，在学习上再也没有出现过不及格，还考上了重点中学哈三中，后来子承父业在哈尔滨工业大学学起了热能工程。

起初，秦明对这个专业并不是特别感兴趣，秦裕琨就跟他讲能源有多么重要，对国家和人民大有用处。秦明学了这个专业之后，秦裕琨又对他说要干一行爱一行，学就学好，干就干好。后来，秦明虽然根据自己的兴趣，跟父亲的研究方向有了区别，但是他也会就一些问题向父亲咨询，听取他的意见。父亲对科技前沿的跟踪把握，对学术问题的真知灼见也激励着他在专业上一直兢兢业业，毫不懈怠。

第七章

创新锅炉关键技术解决重大民生需求

掀开我国工业锅炉制造史上新的一页

哈工大南迁之后，新组成的重庆工业大学有设备、缺教师，长期无法进行教学。留在哈尔滨的部分有教师、缺设备，后来虽然少量招生，但也不能很好地进行教学。在哈工大、重工大的强烈要求下，国务院、中央军委于1973年7月3日发出通知："重庆工业大学仍迁回哈尔滨与原哈工大留省部分合并，组成哈尔滨工业大学。"随后，黑龙江工学院、哈尔滨电工学院恢复建制，相关人员分别回原单位。同年秋天，哈工大招收700多名工农兵学员。9月24日，学校举行了隆重的开学典礼。

虽然学校搬迁回来了，但经过南迁北返之后元气大伤，锅炉教研室（后热能工程教研室）也面临一个向何处去的困难。实验设备损失殆尽，小电站全部报废，一个能用的实验台也没有了。而且锅炉专业还不能直接为国防服务，这样下去，专业如何发展，又要如何为人民做贡献呢？

不过，既然恢复了招生，秦裕琨的首要任务是把学生教好。工农兵学员，很多中学都没有读完，基础薄弱，在学专业知识前，秦裕琨还要给他们补最基本的数学、化学等知识。当时实行"开门办学"，要求学习紧密结合实践，师生走出校门，到工厂、农村、部队、商店等"大课堂"去学习。除了在校的学习，秦裕琨还要带着学生去实习，做毕业设计。

1974年，秦裕琨接到了一个任务——对黑龙江省革命委员会大院的锅炉进行改造。

当时，中国北方乃至全世界普遍采用蒸汽采暖。水在锅炉内加热后水变成水蒸气进入系统为室内取暖,就是老百姓常说的"暖气"。这种取暖方式优点是热得快,因为蒸汽温度比较高,所以很快就烧得很热,然后就必须停下来一会儿,也就是间歇供暖。与之对应的,就是凉得也快——蒸汽很快变成凝结水再流至凝结水箱(或池)内,还有部分没有完全冷凝的蒸汽从水箱冒出去,损失了热量和水,于是锅炉又继续烧,这样不仅效率较低,对于屋内的人来说,也是时冷时热,不能始终保持一个舒适的温度。

这时国家提倡采用热水取暖,因为热水的温度比较平和,相对蒸汽来说,也会提升效率。"这个思路是对的。"秦裕琨认为。但关键是市场上没有热水锅炉产品。热水供暖可以做到连续供暖,整个系统的循环泵不停,水不断地流过来,由于水的比热容比较大,温度下降得比较慢,室内的温度变化比较小,感觉就会比较舒服。秦裕琨的任务,就是将省革委会的锅炉改成热水取暖。

刚刚经历过不同时期的政治运动,大家自然不想再搅入事端,教研室的其他老师都没接这个任务。秦裕琨的心里也很忐忑。但任务来了,又不能躲过去。"我应该算是里面技术还好的,反正这个任务总是要完成,都不接,那怎么办?"秦裕琨只能带着自己的工农兵学生一起干。

彼时,国外热水取暖采用的方式很简单,用水泵不断把水打进锅炉,加热后再送到水管里,即一头进一头出。如果省革委会的锅炉仿照国外这样的方式,采用强制循环,看似简单就能解决问题。但中国的国情和国外不同,当时的中国,电力供应不足,经常会出现停电现象,所以家家都随时准备有蜡烛。而这种热水取暖的方式,如果电力不能保证,就会有一个致命的安全隐患——水泵不能正常工作,导致锅炉无法及时降温,热水会急剧气化膨胀,从而严重影响锅炉的安全运行,甚至引发锅炉爆炸。这种情况下,谁能保证省革委会的锅炉在每一次停电的时候都安全无虞?而一旦爆炸,除了省革委会一个街区的办公楼,后面还有一排家属宿舍,谁也承担不了爆炸的后果。"如果我再按照这个原理改造锅炉，一旦发生爆炸谁负责？"秦裕琨陷入了沉思。

北方尤其是东北的冬天带给人的是望而生畏的严寒，在哈尔滨生活了20个年头的秦裕琨深知冬季供

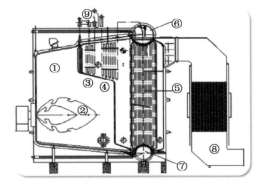
自然循环锅炉设计原理示意图

暖对北方城市的重要性，而他解决技术难题的时间也有限——必须在4月末采暖季结束后才允许拆除原有锅炉，又必须在10月下旬保证锅炉能正常运行。"要是采暖供不上去，省政府不能办公，家属要挨冻，这责任谁负啊？"这种风险不仅仅来自改造技术上的创新，更来自当时的政治压力——要知道，用户是省革命委员会。

"我要想一个停电以后能不炸，能有措施缓解的锅炉。"秦裕琨按照自己的设想继续往下思考，这样的锅炉里面连通，可以灌水，万一停电了，里面的水可以缓冲一下，这时候再把火灭掉，就不会出事故，能有一段缓冲期，就不怕停电了。但是热水锅炉和蒸汽锅炉不同，蒸汽锅炉把水烧热以后，蒸汽一边上升，另一边水就下来了。热水锅炉上去是水，下来也是水，只是温差二三十摄氏度，而这二三十摄氏度的水密度差，能不能造成自然循环？秦裕琨没有把握。

为了验证思路是否可行，秦裕琨先做分析和计算。当时不要说计算机，秦裕琨连计算器都没有，就靠手算，算来算去，分析了又分析，秦裕琨心里

哈尔滨20世纪70年代初电力供应设施

有了底,"我觉得行!"于是,秦裕琨给出了一套自然循环热水锅炉的水动力计算方法,首次提出自然循环热水锅炉的改造方案。

有了方案,秦裕琨便以锅炉房为家,不知疲倦地奋战在那里。画了改,改了画,两个月后自然循环热水锅炉的设计方案终于定稿了。随后,秦裕琨带领学生和工人开始了艰难的改造过程。锅炉是大型设备,零部件数量极多,很多关键的零部件需要一个一个地制造出来,然后再组装上去,生产工序很复杂。为了保证热水自然循环的可靠性,秦裕琨采取了特殊的结构措施。经过艰苦卓绝的努力,秦裕琨他们终于拨云见日,提前完成任务,为我国采暖锅炉增添了一个新品种。这台自然循环锅炉当年冬天投入使用后效果明显,受到各方的肯定。从此,他设计的自然循环热水锅炉作为我国北方冬季采暖的主要工具,给城市寒冷的冬季带来了温暖。秦裕琨的学生孙绍增说:"其实它相当于一个原理上的革命。"

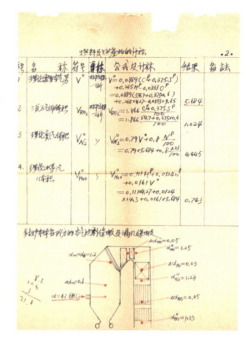

秦裕琨计算手稿

从利用水泵进行强制循环到自然循环,秦裕琨的工作得到了国家的认可。"六五"期间,国家科委将"自然循环热水锅炉水动力特性研究"列为国家攻关课题。作为课题负责人,秦裕琨因此获得国家计委、国家经委、国家科委、财政部表彰,航天工业部科技进步二等奖,黑龙江省科技进步三等奖。

成果鉴定证书上明确指出,热水锅炉采用自然循环方式是由哈尔滨工业大学首先提出的,填补了国内空白。这种循环方式的锅炉当突然停电时不易发生水击；当水质差而结垢时易于检查和清除，安全可靠，适合我国国情，获得大量推广；所提供的计算方法，对各种循环回路结构特性和吸热不均匀性进行了分析，工作量大，不少地方有所创新，已达到实际应用水平，为定制计算标准打下了基础。

再次填补国内空白

鉴于秦裕琨在省革委会锅炉改造中的出色表现，1975年哈工大校内锅炉房改造的任务也责无旁贷地落到了他肩上。学校锅炉房有9台落后的手烧炉，加煤、拨火、清渣皆靠人工来完成。每台锅炉需要两名司炉工轮流用铁锹往火炉加煤，劳动强度很大，效率很低。此外，为了降低成本，燃用的是从内蒙古运来的褐煤。褐煤储量很大，但煤质不好，是煤化程度最低的矿产煤。这种煤水分很高，在手烧炉内很难烧着，而且燃烧时会有大量的黑灰飘在空中。学校要求秦裕琨设计3台容量更大的燃用褐煤的锅炉取代原来的9台手烧炉。

由于5月份才开始动工，10月末以前要投产，再盖房子肯定是来不及了，因此锅炉房不能动，必须在原来仅5米高的锅炉房内装下单台容量增加4倍的新锅炉。经过一番调研，秦裕琨认为对于褐煤小型锅炉最合适的是采用刚兴起不久的流化床燃烧方式。

流化床锅炉当时在国内外刚刚兴起，不同于手烧炉直接将煤块扔进炉子，流化床锅炉是燃烧煤粒。煤被碎成粒，小颗粒放在炉内被风吹起像煲粥锅的米粒，上下翻滚，类似液体性质的流化状态。很多第一次见到流化床的人，都会觉得相当新奇。流化床锅炉将小颗粒的煤用喷嘴喷入炉膛，在炉膛内高速气流的吹动下稠密悬浮煤颗粒处于沸腾状态，与空气充分接触燃烧。因此，它可以烧劣质煤，

在哈工大锅炉房,秦裕琨与工人师傅一起改造锅炉(1974年)

甚至煤场废弃的矸石也能烧。

尽管秦裕琨对流化床锅炉已经有所接触,并且在一些小型的工厂做过实验,但是流化床要保证燃烧效率,炉膛必须有足够的高度,对于这样矮的锅炉房,必须在有限的空间里进行技术革新。为了解决这个问题,秦裕琨设计了后置式旋风燃尽室,用深度来代替高度,保证了充分燃烧。

哈尔滨一般每年10月20日左右供暖。这一年的20日,秦裕琨紧赶慢赶完成了锅炉改造,一测试,点火失败。这可把秦裕琨急坏了。供不了暖,学校的正常教学、生活就没法进行了,"要坏大事了"。按道理不应该呀,秦裕琨白天黑夜都待在锅炉房"捣鼓",非要把原因找到不可。10月末,在把各种可能的问题都排除后,终于发现了问题。原来,是学校不放心改造后的炉子使用

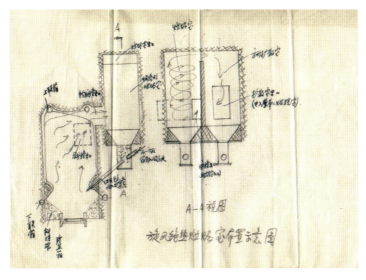

秦裕琨设计的立式旋风热燃尽室布置示意图手稿

效果,这回买的煤太好了。"本来是好心好意专门挑非常好的煤来烧,但他们不知道这个炉子,需要有灰,没有灰做底,炉子就烧不起来。"找到问题后,秦裕琨如释重负地告诉采买的人,买劣质的煤来烧就好了,这个炉子不适合烧好煤。

改造完省革委会和学校的锅炉后,秦裕琨认为自己终于脱离了"纸上谈兵",不管什么锅炉,都敢真动手、真实践了。秦裕琨说,自己真正的科研,就是从这两个项目起步,"以前主要还是教学,写教材也好,其他的什么也好,主要都是为了教学"。

由于自然循环热水锅炉和褐煤流化床锅炉研究这两个项目,秦裕琨得了一个雅号——"秦总统",因为他勤于钻研、不怕风险、胆子大、总捅咕[①]。有人说他到处捅,总是捅来捅去,总有一天要捅出娄子来。然而这位胆大心细的"秦总统"凭着敢于创新的精神和科学的头脑,不但没有捅出娄子,反而凭借扎实的学术功底和出色的动手能力,解决了一个又一个实际问题。省革委会和学校

① 捅咕,东北方言,形容爱鼓捣。

这两个锅炉改造项目，后来都被列入"六五"国家科技攻关课题——"自然循环热水锅炉水动力特性研究"和"燃褐煤流化床锅炉研究"，成果得到进一步提高和推广，并因其巨大的经济效益和社会效益先后获得了航空航天工业部科技进步二等奖。

褐煤流化床锅炉研究的鉴定证书上这么评价秦裕琨的成就："锅炉采用侧置旋风燃尽室及新型正压风力给煤装置（以上两项均获国家专利）等主要结构措施，对提高褐煤燃烧效率，减轻对流受热面磨损，降低锅炉原始排放浓度以及简化给煤方式等有明显效果，处于国内燃烧同煤种流化床工业锅炉的领先地位"。经理论分析和试验研究发现，一般流化床锅炉的飞灰含碳量在一定粒径范围内有最大值，旋风燃尽室的设计使这一粒径范围的飞灰未经充分燃烧不能从燃尽室带出，从而保证了较高的燃烧效率，达95%以上，同系列的两台锅炉是我国最早被评为节能产品的两台流化床锅炉，也是我国最早打入国际市场的流化床锅炉。

"除了继续进行理论研究，更重要的是通过各种具体实践，锻炼了我解决实际问题的能力，胆子也大了。这期间也开始做了一些实验，虽然是一些小实验，但也都是实际问题，所以那些年虽然教学、科研不太正常，对我来说并不是完全白过。"秦裕琨表示，无论什么时候，人都有属于自己的选择。只要主观上肯去努力为国家、为人民做些事情，生命就不会虚度。

在不断对问题锅炉进行改造的工作中，秦裕琨基本上形成了贯穿自己一生的独立自主学术思想："中国的能源科技工作者就要研究中国的能源问题。国际趋势和热点当然也要关注，但更重要的是国家的需求，是我们自己急需解决的问题。总跟在别人后面跑是不行的！"

改造 130 吨/时大型流化床锅炉

20世纪70年代初，上海锅炉厂制造了4台燃烧煤矸石130吨/时大型流化床锅炉用来发电，这在当时国际上还没有先例。产品鉴定证书上是这样写的："该锅炉是我国最大的流化床锅炉，在这样大的流化床锅炉上稳定燃用洗煤矸石在世界上也是没有先例的。"但在制造时，由于上级要求造130吨的锅炉，但是用钢量只许用75吨，钢材要省一半。上海锅炉厂的技术人员奉着硬指标给造出来了，此前国内最大的锅炉是35吨，130吨的锅炉几乎是它的4倍了。这4台流化床锅炉，其中2台装在了广东韶关某电厂，另外2台装在黑龙江省鸡西滴道电厂。在实际使用中，这4台锅炉频频出现堵灰、磨损甚至烧毁等现象，韶关的2台，经过努力无法解决直接就废掉了。在鸡西的这2台，是仅有的服务于煤矿生产的2台，如果锅炉废掉，这个小电厂就直接关门了，所有电厂的工作人员都得失业，这是电厂所有职工和领导都不愿意看到的事情。秦裕琨记得，当时电厂的态度是"拼了命也要把这个锅炉烧着，哪怕这个锅炉效率很低，只发很少的电，反正那些电也是白捡的，用的是废弃的煤矸石"。

为此，电厂和制造厂产生了巨大的矛盾。电厂认为是制造厂锅炉没造好，应该负责任；上海锅炉厂认为是电厂水平不够不会烧。不过许多专家都认为这2台锅炉已经没有改造的可能，废弃只是早晚的事儿。问题是"另起炉灶"不仅工程量巨大，国家还将损失近1亿元的固定资产。这个项目在当时引起了很多人的关注，于是国家科委组织了一批专家去调研。

秦裕琨（前排右三）参加滴道电厂流化床锅炉改造

　　秦裕琨来到电厂，看到厂门口挂的大红标语"强发电、求生存"，再看看锅炉里煤器严重堵灰，空气预热器自燃烧损，烟气从省煤器后直接通往引风机……就这样不计效率勉强还能发些电，但早已狼狈不堪，也不可能长久维持下去。有人认为，这种炉型已经没治了。

　　秦裕琨感受到了肩头沉甸甸的责任。要改造这种已经被同行判了"死刑"的锅炉，难度可想而知。为挽救这笔资产，也是为了挽救这一种燃烧技术，秦裕琨作为技术负责人提出先进行试验，用数据说话。为此，政府部门出面组织设计、制造、运行等单位联合攻关。这在当时是规模相当大的流化床试验研究工作，很多人都非常感兴趣，抱着"我也来干，来学知识，到底是怎么一回事"的态度，东北电力大学、中国科学院工程热物理研究所等单位都派人来参加，由秦裕琨牵头，组成了一支 30 多人的试验研究队伍。

　　流化床技术当时在国际上也是新兴事物。不过，国外主要将其用在化工方面，而非发电。因此，试验队需要通过具体实践才能找出问题、解决问题。1979年,秦裕琨带领课题组深入电厂进行了详细考察和调研,组织协调锅炉制造厂家和电厂等有关方面进行了大规模的实验。在不同工况下,试验队沿着床层深度提取床层物料试样,又在炉膛上部沿深度抽取烟气进行分析,在锅炉多个受热面的不同部位提取灰样进行分析,得出大量数据。

这些数据表明,在流化床内,沿整个床面空气是均匀分布的,但煤从炉膛两侧的给煤口进入并逐步向排渣口运动,床层内床料的含碳量是不一样的,而炉膛上部的烟气成分也很不均匀。煤从给煤口进入床内被迅速加热热解,煤里大量可挥发的成分分解出来往上走,这样两侧的空气就会不足,这些挥发性成分得不到充分燃烧,沿着炉膛两侧上升到尾部受热面,形成焦油粘到炉管上,又和灰黏结在一起形成严重堵灰,有些凝结在空气预热器上,在条件适合的时候发生自燃,将预热器烧毁,造成很严重的后果。而从受热面上取出的灰样也表明,两侧的灰样中含有较多的焦油成分。

1982年开始,"改造130吨/时燃煤矸石流化床锅炉"项目被列入"六五"国家科技攻关课题。上海交通大学机械与动

秦裕琨(左三)带领学生在滴道电厂进行国家六五科技攻关课题

力工程学院教授姜秀民回忆说，当时自己刚从东北电力学院（现东北电力大学）毕业并留校任教，跟着东北电力学院的其他教师参与了这个项目。

经过反复思考和研究，秦裕琨提出用风机加入"播煤风""二次风"的思路，终于解决了该炉型存在的关键问题。播煤风就是在播煤口除了给煤外还要补风，弥补空气的不足。具体措施主要是在给煤口下方送入一股空气，一方面可适当将煤播散，另一方面也可增加这一局部区域的空气量。增加二次风是指在炉膛上部两侧往里吹风，既补充了空气又把可燃物吹散了，不至于堆积到炉子两侧。这样利用高速二次风加强上部烟气的混合，改善上部烟气的不均匀性，使上部两侧的可燃气体得到充分燃烧。

"当年这在我们行业内是一件大事儿。当时有人说如果失败了，那么中国的流化床锅炉就要寿终正寝了，没人再干了。所以把它救活以后，中国的流化床锅炉就得到发展，直到现在流化床锅炉还在发展，但是比过去已经有很大的进步，已经不是过去那么一回事了，但那个是基础。"即便现在回想起这个项目，秦裕琨也认为，这是自己做成的一件大事。姜秀民也在与秦裕琨的相处过程中对他个人心服口服。后来，姜秀民选择到哈工大读博，成了秦裕琨的学生。

从实践到理论

从20世纪70年代初到70年代末这10年，秦裕琨基本在不停地改造锅炉，遇到了各种问题，经手了各种锅炉。因为这些工作和基础，在"六五"期间，秦裕琨完成了多个项目和课题。

针对黑龙江省当时频繁停电时强制循环热水锅炉的不安全性引

发的采暖期供热可靠性的重要民生问题，在国内首次提出将自然循环方式应用于热水锅炉，设计制造出了我国第一台自然循环热水锅炉。成功地对哈工大锅炉房中9台2吨/时的燃用烟煤的手烧炉进行了改烧褐煤的改造，将原有锅炉改造成带旋风燃尽室的工业流化床锅炉，取得了良好的燃烧效率，填补了国内空白，可以燃烧废弃的煤矸石等劣质燃料流化床锅炉也因此得到了推广。在国内率先进行大型现场试验研究工作，发现炉内燃烧不均匀是导致燃煤矸石流化床锅炉产生严重堵灰、磨损、预热器烧毁问题的主因，他开发的播煤风和二次风技术，实现了当时世界上最大的130吨/时流化床锅炉长期稳定燃烧煤矸石，经过修复，得以正常运行了将近40年，为国家挽回近亿元的损失。

尤其是"改造130吨/时燃煤矸石流化床锅炉"项目，浙江大学陈运铣教授是这样评价的："在此项工作中，秦裕琨在技术上和理论分析上起到了主导作用。解决了长期争论不休的问题，解释了问题关键所在，并找到较有效的改进措施，从而取得长期稳定运行的效果。"华中理工大学马毓义教授也表示，此举"为沸腾炉向大容量发展和推广应用劣质燃料提供了有力的科学依据，为我国劣质燃料的大规模应用开拓了广阔前景"。

结合此课题，秦裕琨培养了硕士研究生4名，发表论文13篇，首次通过实验测得流化床锅炉的燃料份额，研究了射流在流化床中的穿透深度，研究了埋管结构对流化质量的影响。这个课题成果后来获部级科学技术进步奖一等奖和国家科学技术进步奖三等奖，并获国家计委、国家经委、国家科委等六部委表彰。时任哈工大主管科研副校长的强文义在将证书转给秦裕琨时高兴地说："恭喜你，这也是哈工大第一次拿到国家六部委的表彰证书，你不仅为国家解决了大问题，也为学校赢得了荣誉。"

秦裕琨还结合课题做出了流化床锅炉数学模型：利用大型流化床锅炉实验数据，得出床料的扬析速率常数，磨损和爆炸规律，可

秦裕琨获得国家科学技术进步奖三等奖

预测相同煤质条件下床料的粒度、飞灰的粒度和数量；列出一维燃烧模型，计算沿长度方向可燃质浓度分布和床截面上氧浓度分布；考虑扬析的随机性以及集中给煤造成的燃烧工况不均匀，计算不同粒径飞灰的含碳量及不完全燃烧损失。这项成果可用于新型锅炉设计，可以预测新型锅炉的燃烧工况，并指出改善燃烧的方向。

不过对秦裕琨而言，"改造130吨/时燃煤矸石流化床锅炉"课题最后还是留下一点小小的遗憾。当时，按照他的设想，还要把没有充分燃烧的煤灰回炉再烧。这个环节需要在分离器表面添加耐火材料，但是耐火材料在铺设过程中出现问题掉了下来。本来重新维修固定，这个问题不难解决，但电厂对此不感兴趣，因为他们烧的煤矸石本来就没有成本，只要发出电就满足了，所以这个项目的一些细节最后没有完成。

尽管项目在秦裕琨看来还不是尽善尽美，但是已经证实流化床锅炉是可行的。当时的情况是，如果秦裕琨他们的实验失败，流化床锅炉的发展就要受到阻碍，国家不会再支持相关研究。所以这个项目是国内流化床锅炉发展的一个转折点。技术的突破也使得国务院第一时间批准了有关煤矸石发电的报告。报告中称:"煤矸石发电在技术上是可行的,在经济上是合理的,它把目前所关注的节能、环保和废物利用融为一体,是一件大好事。"

"七五"期间,秦裕琨又承担了国家攻关课题"新型130吨/时流化床锅炉的研制",并在1991年ASME第十一届国际流化床燃烧会议上发表了论文。这么多年过去了,流化床锅炉早已发展成循环流化床锅炉,容量也大大提高,但是播煤风、二次风这两项技术仍在国际上应用。

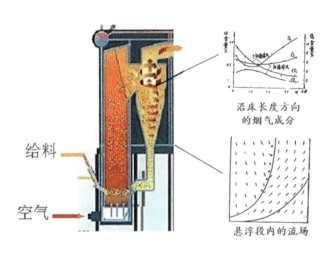

秦裕琨在鸡西滴道电厂进行130吨/时流化床锅炉改造

第八章

高效稳燃煤粉燃烧技术解决电力安全

花甲之年再出发

20 世纪 60 年代末，哈尔滨锅炉厂录用了一批大学生，时代原因，他们只学了一些基础课程，专业知识还没怎么入门，各项教学活动就停滞了。毕业到工厂工作多年后，有了一定的专业知识，但终究没有系统学过专业课，影响到他们自己和工厂的发展。厂里决定给他们补课，于是找到哈工大，秦裕琨应邀讲授燃烧设备。

这门课程秦裕琨已经在哈工大讲过很多遍，要是按照本科生的讲义再讲一遍对他来说驾轻就熟，但是秦裕琨觉得不能这样应付。考虑到这批学员已经有一定工作经验，没有必要从最基础讲起，而且哈尔滨锅炉厂主要生产大型电站锅炉，用的是煤粉燃烧技术，结合实际情况，秦裕琨决定另编讲义。编写讲义会消耗巨大的时间和精力，而且只用这一次，从投入上来说，相当不划算。但秦裕琨觉得，事情不是这样算的，既然承担了就必须好好做，要做就做到最好。

哈尔滨锅炉厂对秦裕琨开放了资料室，里面有丰富的制造厂、电厂实际锅炉的调整试验资料，这些一手资料对秦裕琨来说是一个巨大的宝库，同时他又在学校图书馆收集了国内外最新期刊等资料，也经常和工厂技术人员进行技术交流，在此基础上，秦裕琨结合理论和实际问题，编写了《大型锅炉燃烧设备》讲义，由哈尔滨锅炉厂油印出版。这本讲义虽然只用了一次，但在编写过程中，对秦裕琨深入总结煤粉燃烧知识起到了重要作用。

多年以后，国家决定出版机械工业手册，秦裕琨担任锅炉分册的主审。其中锅炉篇燃烧设备一章由哈工大一位 1957 年毕业的校友、国家机械工业委员会哈尔滨电站设备成套设计研究所的何佩鏊执笔，他在研究所、制造厂工作多年，有丰富的实践经验，并有收集资料的习惯。在审稿时，秦裕琨发现这位校友资料太多了，总舍不得将内容删除，但手册的篇幅非常有限，秦裕琨就建议他再另外编写一本专著。这个建议被出版社接受，并由秦裕琨担任主审。然而，此事定下来没多久，何佩鏊就得了重病。秦裕琨到医院探望他时，他说这辈子还有一件事没有完成，就是这本书，刚开始编就不得不停手，请秦裕琨帮忙把这本书完成。对于这样的请求，秦裕琨无法拒绝。

回到学校后，秦裕琨收到何佩鏊寄来的一大包资料，但书稿还一个字未写。好在有那本《大型锅炉燃烧设备》讲义的基础，他以此为框架，仔细消化寄来的资料和自己近几年收集的资料后，终于将这本名为《煤粉燃烧器设计及运行》的著作完成，其中运行部分由水利电力部西安热工研究所的赵仲琥编写，并于1987年12月由机械工业出版社出版。出版时，秦裕琨将自己的名字放在了何佩鏊和赵仲琥之后。

燃煤电厂的安全性、可靠性、经济性在很大程度上取决于锅炉燃烧设备，尤其是燃烧劣质煤的电厂更是如此。燃煤电厂的燃烧设备包括制粉设备、燃烧器和炉膛，而其中的关键设备是燃烧器。这本书总结了我国燃烧器设计、运行及实验研究方面的经验，也收集一些国外资料，介绍了煤的燃烧性质及煤粉燃烧的基本原理，分别讨论了旋流式燃烧器和直流式燃烧器的结构和原理，以及它们的设计和运行调整方法，是我国在该领域的第一本专著，

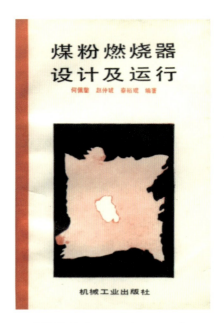

《煤粉燃烧器设计及运行》

被评为机械工业出版社年度优秀图书。

20世纪80年代后期,由于学校进行体制改革,教研室开始划分成若干课题组。当时系里有位老师到美国进修了流化床技术,回国后打算继续研究流化床锅炉。"我们同在一个专业,都研究流化床锅炉的话,研究方向就太窄了。"基于这种考虑,为了促进教研室的全面发展,秦裕琨主动放弃了自己最熟悉的领域和课题,选择了当初无心插柳留下的种子——正式开始转向对他来说更具有挑战性的煤粉燃烧器研究。

机遇与挑战并存

换一个研究方向,对于年近花甲的秦裕琨来说,又是一次全新的挑战。可是,他却成竹在胸,因为几十年的锅炉研究经验和实践告诉他,使用燃煤是中国特殊而严峻的问题。在中国,至少未来50年甚至100年,煤炭都将是我们主要的能源。国家的需要就是科研工作者的机遇,即便面临前所未有的挑战,秦裕琨也觉得责无旁贷。

除了工业用途之外,锅炉的另一个主要用途是在火力发电厂。这类锅炉容量要大得多,每小时燃煤量数以百吨计,技术难度也更大。我国电厂大部分是燃煤电厂,并且主要采用煤粉燃烧——用空气把煤粉吹入炉膛燃烧。煤粉燃烧技术和煤质密切相关。特别是我国有相当一部分低挥发贫煤[①]、无烟煤。这类煤难以燃烧,在电网调峰任务加重时,在低负荷下往往需要投油助燃,不仅增加了发电成本,还使得氮氧化物污染加重。提高煤粉燃烧质量,既是提高生产率的

[①] 贫煤是碳化程度最高的一种烟煤,无黏结性,燃烧时火焰短、耐烧,主要用于动力和民用燃料。

基础，又是解决锅炉废气污染的关键，这两个主题都与国计民生息息相关。秦裕琨认为，这个研究方向大有可为。

幸而，之前在编写《大型锅炉燃烧设备》讲义和《煤粉燃烧器设计及运行》的过程中，秦裕琨系统地了解和掌握了煤粉燃烧的基础知识、基本概念。虽然这么做的时候并没有任何"功利"的想法——他写讲义、编教材，从来没想过要得到什么回报，也没有稿费，只是为了更好地做好教学工作——但白纸黑字不能乱写，所以每一句话他都认真斟酌，力求准确无误。扎实系统的理论知识，让秦裕琨对煤粉燃烧的相关问题看得比较深、比较准，分析得也很透彻。秦裕琨说："写讲义为我写书打下了基础，写书又让我系统而准确地掌握了基本概念。不知不觉，所走的每一步都为以后的工作奠定了基础。"

然而，干燃烧工程，仅凭理论先进还远远不够，每个电厂的锅炉都有差异，必须到实践中去进行有针对性的研究。我国煤质复杂，且有相当数量的劣质燃料，不具体问题具体分析的话很容易把事情搞砸。对此，秦裕琨形象地打了个比方："电厂行业和汽车行业有差别。美国产的汽车销到中国，照常在大街上跑。美国的锅炉到中国不一定好用，毕竟燃煤的质量不一样，所面临的问题各有差异。好多外国大的锅炉制造厂，在中国都搞砸了，因为他没有遇到这样的燃煤。所以，有些是国外没有遇到的情况，我们搞成了，就是国际领先。"

电力工业对锅炉燃烧有着多方面的要求，首先是经济性，同样的煤如果有比较高的燃烧效率就能大大节约成本，取得更高的经济效益。其次要求有较高的火焰稳定性，也就是在锅炉负荷低、炉膛温度较低时，也能保持稳定燃烧，否则在低负荷时就要投油助燃，增加了运行成本。第三要求有较低的氮氧化物排放，氮氧化物是大气的主要污染物之一。最后还要避免结渣和高温腐蚀。而要满足这些要求的方法往往是矛盾的。例如，提高燃烧效率和燃烧稳定性的主要措施是提高燃烧区域温度，而这又可能导致氮氧化物增加，还可能导致结渣和高温腐蚀。因此，要同时满足这几方面的要求是有难度的。不过，也正因为难，秦裕琨觉得研究中国煤质特性，研究高效燃烧、低负荷稳燃、低氮氧化物排放、防止结渣和高温腐蚀才更有意义。

从事煤粉燃烧技术研究，在进行实验室研究、数值模拟等基础研究的同时，还必须在电站锅炉进行验证，否则无法验证基础研究所得到的结论是否正确，也很难为进一步研究指出方向。电站锅炉是大型设备，稳妥安全是第一，要说服电厂同意把相关技术用在它上面进行检验是非常难的一件事。需要一个团队长期坚持不懈地努力才能取得一些成绩，只有将研究成果推广、应用，研究工作才有价值。为了干成一件事，往往需要十年甚至更长时间。

在转换研究方向时，秦裕琨已经做好了打艰苦战和持久战的准备。

提出水平浓淡煤粉燃烧思想

20世纪80年代开始，浓淡燃烧技术在国际上得到推广。浓淡燃烧是一次风到炉前后，经过分离器分为两股含煤粉量不同的气流，即含煤粉多的浓气流和含煤粉少的淡气流，分别送入炉内燃烧。这样浓煤粉流中煤粉的浓度提高，将使着火热减少，火焰传播速度提高，燃料提前着火，之后为淡粉流提供了着火热源，后者随之着火，整个燃烧稳定性增强。同时，浓淡燃烧技术使得燃料在高温区内的停留时间更短，燃烧区段内氧浓度小，降低了氮氧化合物的排放，对减少污染意义重大。

1985年，秦裕琨去山东黄台电厂参观，这个电厂引进了日本三菱公司的PM（Pollution Minimum）燃烧器。PM燃烧器采用一个弯头式分离器把一次风在垂直方向上分成浓淡两股气流，上层为浓相，下层为淡相，分别送入炉膛燃烧，即"垂直浓淡燃烧技术"。黄台电厂烧的是贫煤，相对很难引燃，但用这种锅炉烧得很好，减少了污染物，而且着火率也提高了，即使在低负荷下效果也不错。不过，这种锅炉在燃烧区域水冷壁管出现了高温腐蚀，按理说燃烧器采取的是一、二次风交替布置，供给的气量是有剩余的，炉墙周围的受热面不可能出现硫腐蚀。

什么原因会使得炉墙附近煤粉燃烧不充分产生硫化氢等气体，从而对受热面造成腐蚀？从黄台回来后，秦裕琨一直在思考这个问题。浓淡燃烧技术是没有问题的，而且国际上很流行，问题会不会出在分成上下两股，上浓下淡？不久，他又去镇江谏壁电厂调研，那里的燃烧器二次风、一次风均匀布置，且总的给风是有富余的，也出现了高温腐蚀，电厂向他寻求解决的办法。

获得国务院重大技术装备领导小组办公室、国务院电子振兴领导小组办公室表彰证书（1985年）

为了解决浓淡燃烧技术造成的高温腐蚀结症，秦裕琨带领团队在极其困难的条件下进行试验。就在这期间，秦裕琨因病住院。他安排学生做了多次试验却没有找出问题所在。于是，秦裕琨让学生们把炉内流层的流动情况录下来，带到病房用电视播放录像。

秦裕琨一遍又一遍地观察炉膛的气流流场,终于发现了规律:在四角切向燃烧炉膛中,直流燃烧器布置在炉膛四角,煤粉气流在射出喷口时,虽然是直流射流,但当四股气流到达炉膛中心部位时,以切圆形式汇合,形成旋转燃烧火焰,同时在炉膛内形成一个自下而上的旋涡状气流。锅炉里一次风和二次风交替进行,但是从燃烧器喷口喷出来的气流并不总能保持沿其几何轴线方向前进,一次风气流进入炉膛后受到上游气流的撞击,发生了偏转。原因是含煤粉的一次风速度较低,动量较不含煤粉的二次风小,偏转角要大,直接冲向水冷壁,造成那里氧量不足,所以产生了高温腐蚀。

找到问题之后,秦裕琨提出了解决方案:在靠近炉膛中间处注入浓煤粉,在四周喷入淡煤粉,形成水平浓淡煤粉燃烧,或采用水平浓淡风燃烧器,在侧面加入一股二次风从而提高一次风动量,减少了偏转,使得煤粉相对集中在火焰中部。这样,即使有些偏转,接触水冷壁的是淡煤粉气流和二次风,也不致产生高温腐蚀。

按照秦裕琨的这一方案,团队成员们再去做实验,证实了这样做煤粉就不会再偏转了。病好以后,秦裕琨带着录像去镇江给谏壁电厂的负责人看,并解释了这个问题的成因。看完以后,对方大加赞赏,说秦裕琨从理论上解决了缺氧的问题,并把这个课题交给他去完成。

在进一步研究的基础上,秦裕琨和团队发现,一次风偏斜的现象也出现在燃烧褐煤的配风扇磨的六角燃烧锅炉上。由于风扇磨的风压有限,一次风速很低,和二次风速相差甚大,受上游气流冲击后,一次风也偏转,在炉膛四周形成几个涡,这里煤粉浓度很高。某电厂20万千瓦机组炉膛上部出现严重结渣,经分析认为也是炉膛四周煤粉浓度过高,未能充分燃烧,火焰上移所致。采用水平浓淡燃烧技术并改变二次风切角,改善炉膛四周空气的供给,结渣现象大为减轻，不再影响安全运行。

这种现象不只发生在直流式燃烧器，在另一种主要燃烧技术——旋流式燃烧器中也存在。这是带煤粉的一次风气流在中间，二次风在四周，通常两股气流都在旋转，在中心形成回流区。煤粉进入炉膛后通过高温烟气的回流使刚进入炉膛的煤粉着火。但是未被注意的是，旋转的一次风气流中的煤粉在离心力作用下进入炉膛后会分离到四周，进入旋转更强烈的二次风，这样煤粉被很快分离到火焰的四周，造成在有些锅炉中出现结渣和高温腐蚀，而且对稳定燃烧和燃尽都是不利的。

1987年，秦裕琨正式提出了水平浓淡燃烧的设想，在切向燃烧煤粉炉中，通过一次风管上安装煤粉浓缩器，使一次风分成水平方向上浓淡两股气流，其中一股为高浓度煤粉气流，含有一次风中大部分煤粉；另一股为淡煤粉气流，以空气为主。高浓度煤粉气流在向火侧切向喷入炉膛，形成内假想切圆，低浓度煤粉气流在前者和水冷壁之间切向喷入，形成外假想切圆。浓淡气流各自远离燃料燃烧的化学当量比燃烧，从而可抑制 NO_x 生成；两股气流的总过量空气系数接近于挥发分[①]燃烧的化学当量比，而且浓煤粉气流中颗粒着火后易于在水平方向向淡煤粉气流扩散，淡煤粉气流及时混入，补充氧量，切向燃烧后期混合较强，从而可以保证高效燃烧；向火侧煤粉浓度高，易于实现煤粉气流的及时着火和稳定燃烧，背火侧气流在炉膛水冷壁附近形成氧化性气氛，提高灰的熔化温度，可以从物理和化学上防止结渣，并避免高温腐蚀。因此，水平浓淡煤粉燃烧技术可同时解决燃煤锅炉的高效、稳燃、防止结渣、高温腐蚀以及低污染五个方面的问题。

---

① 挥发分是指隔绝空气的条件下，将煤在 900 ± 10 摄氏度下加热7分钟，煤中的有机质和一部分矿物质就会分解成气体（如一氧化碳、甲烷等可燃气体）和液体溢出，溢出物减去煤中的水分即为挥发分。

研制新型煤粉燃烧器

不过,"秦总统"的新设想引来了同行质疑的目光:"搞新东西是年轻人的事,老秦都这把年纪了,在这块硬地上还能有多大收获?"很多老师认为搞这个新方向没有基础、没有经验,肯定不会有前途,加之秦裕琨当时有行政职务在身,投入科研的精力和时间势必要减少,很少有老师愿意参加到这个课题组来。

但是秦裕琨自己很有信心,由于中国的燃煤质量比较差,且还有很长一段时间要依靠火电。提高煤粉燃烧质量,既是提高生产率的基础,又是解决锅炉废气污染的关键,这与国计民生息息相关。

思路决定出路。但搞新技术,光有思路是不够的,从水平浓淡煤粉燃烧设想的提出到燃烧器的开发,这中间秦裕琨带领团队付出了艰苦的努力。

教研室其他课题组,无论是研究工业锅炉的,还是研究流化床锅炉的,过去都有基础,都拿了项目和经费。只有秦裕琨的课题组太"寒酸"。虽然通过国家自然科学基金拿了3万元的经费,但是这点儿钱连建个实验台都不够。经费不足,秦裕琨一面拿出自家省吃俭用攒下的"私房钱",一面到哈尔滨锅炉厂去"化缘"。所谓"化缘"就是"换工"。秦裕琨带着学生帮哈尔滨锅炉厂下属的工业锅炉厂做锅炉设计,对方帮他们建立热态实验台。就这样,从1991年开始,在没有基础、没有经验、经费紧张、人员少、前途未知的情况下,秦裕琨带领团队开始了艰苦的研究工作。

同济大学朱彤教授说,自己1987年入读哈工大热能工程专业,后来师从秦裕琨读博士，这一时期跟着秦裕琨做了很多项目，一路见证了煤粉燃烧相关技术的发展。"（那时候）资金很少，相当于是勒紧裤带来做这个事。而且在那种情况下能团结一些老师来做也是不容易的。"朱彤记得，当时企事业单位下海的大潮渐起，搞技术的人开始被有效益的项目吸引，有人开始跟一些小的工厂合作做设计图纸。"卖图纸还是挺挣钱的，秦老师课题经费困难，但据我所知他没做过卖图纸挣钱这些事——没有。我觉得这是秦老师不太一样的地方，就是抓大放小。从小处说，设计图纸也是为社会服务，但是秦老师不停留在这个水平，要找价值更大的、更具有挑战性的项目。因为电站锅炉涉及安全性、稳定运行，不是小锅炉的事能比的。"在朱彤看来，这是秦裕琨最厉害的地方，"他考虑问题的角度不一样。"

为了开发配套的水平浓缩煤粉燃烧器，需要做大量的实验。在朱彤的记忆中，曾经做一个直角模拟燃烧器，燃烧器上头有煤粉斗，相当于给粉机。虽然前期做了很多工作，但给粉机有时候给煤依然不是很均匀，于是要一次次调试和改进。用于实验的煤粉装满一个个编织袋，再一袋袋扛到二楼实验室。朱彤当时负责的工作就是让煤粉能够及时输送和添加。正式实验之前，炉膛需要预热，通常是头一天晚上就要开始做准备——准备时间要比真正做实验的时间长很多。

每次做完实验，实验人员都会弄得全身脏兮兮。"脏到什么程度？做完实验后我就去澡堂洗澡，但等我回到家的时候（朱彤家在哈尔滨），我妈一见我就说眼睛咋黑的呢，一看眼皮里头还是煤粉，双眼皮里都夹着煤粉，跟煤里出来的一样，洗完澡出来看着还是一样的。"脏、累、辛苦，这是朱彤在实验室里最直观的感受，不管学生还是老师，都在一线，都是一样。"为了得到一个科学数据是很不容易的。"

"啃最难啃的骨头，打最难打的仗。"经过艰苦的努力，秦裕琨带着团队开发出了配套的水平浓缩煤粉燃烧器，其中最关键的是百叶窗煤粉浓缩器，一次风煤粉气流进入浓缩器后，经过叶片的导流和分离，被分成浓度不同的两股气流。通过调整叶片角度和燃烧器的结构来控制浓淡两侧的煤粉浓度，从而满足工程实际需要。

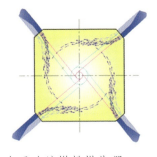
水平浓缩煤粉燃烧器

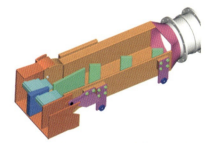
高效低阻百叶窗煤粉浓缩器

这期间，秦裕琨带领团队先后承担了国家"八五"科技攻关课题"新型煤粉燃烧器的研制"、国家自然科学基金课题"高效稳燃防结渣低污染燃烧新构思——浓缩煤粉燃烧的研究"、国家教委博士点基金课题"水平浓缩煤粉燃烧机理的研究"等任务，获得国家专利三项：浓缩煤粉燃烧器、百叶窗煤粉浓缩器、径向浓淡旋流煤粉燃烧器。

打造一支能源生力军

钱三强曾说，古往今来，凡成就事业对人类有所作为的，无不是脚踏实地艰苦攀登的结果。秦裕琨就是如此。刚刚转向煤粉燃烧技术研究时，没有实验设备，没有科研经费，秦裕琨只有吴少华、孙绍增等几个研究生。

"既然选择了远方，就只顾风雨兼程。"秦裕琨说自己是幸运的，虽然团队人少，但年轻人踏实认真，跟他劲儿往一处使，共同把目标瞄准了这个全新的领域。

凭着全情投入，在一年的时间里，秦裕琨带着团队终于建成了第一个煤粉燃烧的实验台。这个课题也得到哈尔滨锅炉厂的支持，派人参加了试验。1992年，煤粉燃烧技术的实验结论基本完成。1993年，煤粉燃烧技术的基本问题得到了解决，宣告这项技术正式诞生，可以从实验室走出来了。

"秦老师是一面旗帜，是凝聚团结人、教育培养人、鼓舞带动人的一面旗帜。"回忆创业初期的经历，团队成员无不感慨地说："课题组创立之初，无论是从人力还是经费上来看，都是教研室里最弱的。秦老师那么大年纪的人，白天参加繁忙的行政工作，有时晚上还和学生一起熬夜做实验。虽然煤粉燃烧现场的环境非常恶劣，但正是秦老师那种勤奋、严谨的治学态度始终激励着我们。"

许多年后，已经是燃烧工程研究所所长的吴少华，回忆起最初跟着秦裕琨开始进入这个领域的时光，不无感慨地说："正因为有这样的师长、这样的榜样，燃烧课题组才能由小到大，由弱变强，从最初的几个人发展成为现在的有强大科研攻关能力的大团队。"

孙绍增是秦裕琨带的第一位博士生，现任哈工大燃烧工程研究所所长，主要从事清洁燃烧和污染控制技术及生物质的资源化利用的研究。孙绍增在做访问学者期间，拒绝了英国的优厚待遇，如期回国工作，用孙绍增的话讲："我们团队这样的研究氛围在国外也很难找，我们这里是出成绩、出成果、干事业的地方，在团队中可以不断发展自己、锻炼自己。"

在秦裕琨身体力行的影响下，哈工大收获了一支能打硬战、团结协作、充满勃勃生机的学术梯队。朱彤说："组建课题组，能够让大家相互握紧拳头，能够形成合力，打造一两个方向，把这个方向做到国内知名,又做好产业化,为社会做贡献,这点在他那个年代,是不容易的。秦老师对我们影响非常大。"

秦裕琨(左二)与弟子吴少华(右一)、孙绍增(左一)在一起

第九章

一切为了党的教育事业

"入党是我生命中的里程碑"

20世纪50年代初在交通大学读书时,秦裕琨就加入了共青团,并且担任班长。来哈工大做师资研究生之后,他依然当班长,还被学校评为优秀共青团员。

后来,秦裕琨在政治运动中受到冲击。但他是一个在这方面把心放得很宽的人,租界里的幼年记忆,日本侵略者占领上海时的童年生活……秦裕琨始终觉得,共产党的人民战争策略非常了不起,正是因为发动了人民群众才能取得最后的胜利。他在各个时期虽然有疑惑和苦恼,但始终保持对中国共产党的赤诚之心。经历过这个国家的改天换地,秦裕琨的心里有底气。"要相信共产党,要一直相信。"

跟随苏联专家一起组建国内最早的锅炉专业,改造不计其数的大大小小的锅炉……这些让他觉得,自己应该更加严格要求自己。共产党人讲的是贡献和觉悟,是个人在后,集体为先。所以,不管别人说什么,只要有条件,秦裕琨就一门心思教学生、搞研究,别人批评他了,他也毫不在意,照常地忘我工作。

1980年,秦裕琨正式向组织递交了入党申请书。经过多年的淬炼,他认为自己达到了入党的标准。写下入党申请书这一夜,秦裕琨心潮澎湃,久久不能成眠。从租界里的幼年记忆到来到哈工大这几十年来的生活,往事如同过电影一样在脑海里播放着,而如今自己为发展中国的能源事业,为了国家的科学技术早日赶超世界先进水平苦苦追求着,正是源于中国共产党的教育和指引。

1981年11月,组织上批准了秦裕琨的入党申请,他光荣地成为中国共产党党员。在党旗下宣誓的那一刻,对秦裕琨而言,那是面对世界的诺言,是事业和价值的一个证明。秦裕琨有一个"党员学习笔记"的本子,上面写着他的感言:"为了保证改革和四化建设的顺利进行,必须认真学习和领会党和国家的方针政策,坚决地、创造性地执行。对我们来说,特别是要认真贯彻党中央关于教育和科技体制改革的有关决定。多出人才,出好人才。多出成果,出好成果。"

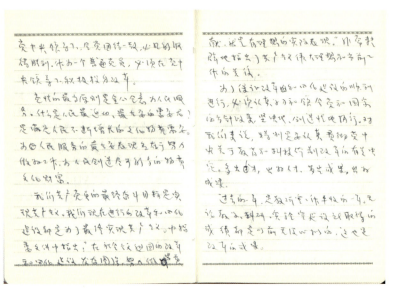

秦裕琨保存多年的党员学习笔记

"入党是我生命中的里程碑。"时至今日,秦裕琨仍然保存着当时的入党通知书,从这张虽然已经在岁月的变迁中发黄变薄、但却依然整洁的入党通知书上,我们可以读出一位共产党员对信仰的追求和忠贞。也正是凭借这样的追求和忠贞,秦裕琨2001年和2003年两次被评为黑龙江省优秀共产党员。

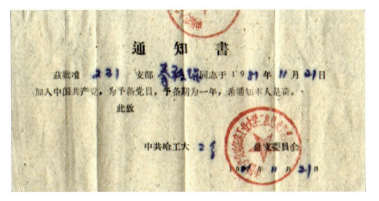

秦裕琨保存多年的入党通知书

哈尔滨工业大学优秀共产党员光荣称号证书（1988年）

黑龙江省"优秀共产党员"光荣称号证书（2001年，2003年）

教学工作永远是第一位

1980年,秦裕琨开始担任热能工程教研室副主任,主管科研工作。因为当时手里有课题、有经费,他首先开始大力抓实验室建设,对所属的车床、钻床、铣床、实验设备等进行了排除、修整、更新。80年代初,电力依然短缺较为严重,为了节省用电,有企业邀请热能工程的老师们去帮忙想办法。"多少人用了多少电,生产、生活分别用了多少电,逐一分析之后就知道这个企业哪里浪费用电了,然后就可以提出改造措施。"这些工作,老师们都驾轻就熟,为教研室创收不少。不仅如此,秦裕琨和教研室老师还继续办了一些锅炉改造的学习班创收。当时很多单位都有锅炉改造的需求,苦于没有经验而无法实施。秦裕琨他们理论扎实、实践经验丰富,有针对性地讲解,及时解决了这些单位面临的难题。这些工作带来的额外收益,让教研室在那一段时期条件非常好。教研室的老师们条件好了,心情也愉快。"教研室氛围也很好,大家都有事情可做。"秦裕琨对这样的生活也很满意,但在此之外,作为一名教师,他觉得有更重要的事。

"既然是大学,教学工作就永远是第一位的,不然就叫研究院了。"秦裕琨主张在做科研工作的同时更要服务好教学,为学生学习尽可能创造最好的条件。20世纪80年代初期,计算机在全国范围内都还很少,秦裕琨意识到这项技术将大大改变人们的工作和生活,于是极力主张购置一套微型计算机。于是,他们实验室成了有机房的小单位。其实,秦裕琨学计算机还算比较早。20世纪70年代初,当时学校的计算机还很落后,需要编好程序打在打孔的纸带上,然后排队等待上机。一旦错误,计算机就不读了,改的话很费劲,需要打补丁,再重新排队,非常麻烦。教研室的机房不仅解决了这些问题,还让师生们对当时世界科技的潮流有了新的了解和认知。

1984年,教研室的科研工作已经起步。这一年,秦裕琨开始担任教研室主任。1987年,秦裕琨又担任了动力机械系主任。这期间,他将目光主要聚焦到教学上。"有人没有把教学排在第一位,而是把科研看得很重。因为科研有效益,有经费,后面还有奖状。"秦裕琨就从自己做起,为了精准掌握学生的学习情况,他经常去课堂听课。结果情况太不令人满意了,学生缺课的现象很严重,达到了百分之十几、二十的比例,专业课甚至更糟。对此,秦裕琨首先召开了一次全体动员大会,勉励学生们树立远大理想,珍惜学习时光,并要求采取强制措施整顿课堂纪律,检查学生的出勤率。同时为了调动教师的积极性,秦裕琨提出了"优秀教师奖"

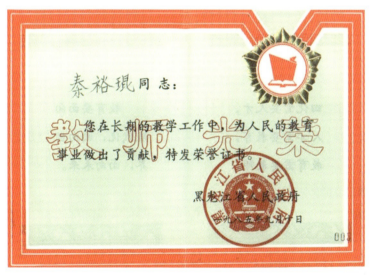

黑龙江省优秀教师证书(1985年)

的奖励政策,这也是哈工大的第一个教学奖。

秦裕琨还积极倡导建立加强学生思想教育、日常管理、第二课堂、社会实践、科技活动等多角度、多层面的学生管理教育体系。他非常注重班主任工作,积极从教研室角度鼓励优秀教师担任学生班主任。"这既是做学生思想工作的有效途径,又是教师实践教书育人和自我提高的重要环节。"秦裕琨以抓班主任工作为突破口抓教学工作,迅速打开了一个崭新的局面,进而全面推进学生工作,取得了突出成绩。

引导学生成长成才

1987年,除了担任动力系主任,期间秦裕琨还同时兼任系党总支书记。除了抓好教学工作,秦裕琨也在思考,怎样更好地育人。"学生管理这个事情,不能学习西方,对大学生彻底不管不问。中国的学生在进入大学之前,基本每天主要就是学习,然后考上大学之后就开始放松了,这是不行的。"秦裕琨通过对辅导员、班主任进行考核,把学生工作抓起来,共同改变学风,这样几年下来还是有效果的。当时的副校长在某次学校大会上公开点名说,原来的动力二系在学校的教学排名是比较靠后的,但是经过两三年的学习之后,排名上来了。"几年时间,效果还是很明显的。"这让秦裕琨感到欣慰。

秦裕琨对学生的影响,不仅在于课堂知识的传授,更在于高尚人格魅力的影响。无论作为一名导师,还是作为一名管理干部,他始终非常重视学生的思想工作,提倡教师要既教书,又育人,经常给学生做专题讲座,以自身的经历教育学生。他还经常跟系

秦裕琨给系里学生做报告（1989年）

里党政干部一起深入到学生教室、寝室，直率坦诚地启发年轻人，教导学生们深刻理解为振兴中华而读书的历史责任。

20世纪80年代末，大学生中普遍存在一些思想问题，学校要求各个教研室开展深入的思想工作，但当时有的教师在思想上也很难从更合适的角度去思考问题。针对这种情况，秦裕琨组织召开全院教师大会，用宏观的、全局的、历史的眼光剖析情况，向大家讲述亲身经历和体会，示范如何做学生的思想工作。就这样，教师的思想通了，学生迅速稳定，很快使全院进入正常教学状态。后来，他当时的演讲内容经过整理后以《如果中国不实行社会主义》为题发表在1991年3月29日的《人民日报》第五版上。这篇文章成为深入学生开展思想教育的典范。文章是这样写的：

> 近年来，有些青年人看到西方发达国家的生活水平高于我们，产生了一个疑问：如果中国不实行社会主义，又将怎样？
>
> 我于1933年出生在上海，刚懂事就发生了"八·一三"上海沦陷。虽然当时我的家庭属于中上层社会，但当亡国奴却都是一样的。我的伯父上街遇到日本兵拉夫，就再也没有

回来。我虽然是小孩,也得一样排队领户口米,背上用粉笔编上大大的号。路过日本兵司令部,要脱帽鞠躬,不甘心鞠躬者不得不绕道而行。那时国人日夜盼望抗日战争取得胜利。1945年,这一天终于来到了,人们欣喜若狂。听说离家不远的锦江饭店来了从重庆空运来的国军站岗,我和小伙伴蜂拥而去,隔着马路坐在人行道旁观看,果然看见站着两个兵,全部美式装备,真神气。我们一早就去,中午回家吃完饭后再去,第二天还去。那时那刻的心情很难用文字形容。我们觉得自己的军队来了,是保护我们的,中国人从此站起来了。

可是,好景不长。不久,美国大兵开着吉普车,搂着吉普女郎,横冲直撞。国民党的接收大员成了"劫收"大员。为了竞选国大代表,在大饭店设宴,投一票,免费大吃一顿。国民党统治上海4年,物价上涨了不是百倍、千倍、万倍,而是千万倍。记得父亲领回工资,必须当日买好必需的生活用品,剩余的立即换成印有袁世凯头像的银圆——"袁大头"。出差也必须带"袁大头",否则回来的路费就不够用了。国民党也曾试图惩治贪官、奸商,蒋经国还亲自出马组织"打虎",但是打到姨表兄孔令侃头上,只得不了了之。我当时还只是少年,也感到困惑:中国的出路究竟在哪里?我曾看到过一幅漫画,至今记忆犹新:一个青年站在路灯下,昂首看天,标题是"天亮了?"

1949年,新中国成立了,发生了天翻地覆的变化。40年来,虽然也有不尽如人意的地方,但是,首先是中国人真正不受外国人欺侮了,中国人民真正站起来了。

回到前面的问题:"如果中国不实行社会主义,又将怎样?"那么,首先必须假定:"如果没有鸦片战争、甲午战争、八国联军""如果当年发达资本主义国家支持中国的资产阶级民主革命,不协助清王朝镇压太平天国、小刀会起义""如果辛亥革命后，日本帝国主义不侵略中国，而是帮助国民党政府发展经济"……但是这些假定有意义吗？是否也可以说，中国走上社会主义正是当时的一些资本主义、帝国主义国家逼出来的。

有人设想，如果国民党政府不那么腐败，继续统治到今日，又将怎样？这些年自从实行改革开放以来，出国访问的人多了，但绝大多数是到美、英、德、日等发达国家，很少有人到发展中国家去。这就造成一个错觉，似乎资本主义国家都是发达国家，而忘却了大多数资本主义国家是发展中国家，世界上还存在一批相当贫困的资本主义国家。发达国家过去是以军事侵略掠夺殖民地、半殖民地国家，现在是以经济侵略为主，掠夺的实质没有变化。在资本主义世界，两极分化在加剧。亚洲出现了"四小龙"，但这是由于特殊的机遇，而且这个机遇和社会主义中国的存在有关。"四小龙"也仅是"小龙"而已，并没有出现"大龙"。如果中国不实行社会主义，中国是成为美国、日本那样的发达国家，还是成为世界上最落后的发展中国家，甚至是成为别国的附庸，这是不难回答的。

"学校的中心工作必须围绕培养学生来展开，教书育人是每个教师义不容辞的责任。"由秦裕琨提议并主持设立了"优秀课教学奖"，由动力工程系为给本系授课的所有基础课任课教师（主要是外系的）评奖。当时，学校已经开始评职称了。不过教学优秀尚无指标，而"优秀课教学奖"无疑成为一项很好的证明。他所采取的这一举措，当时在校内传为佳话，极大地调动了广大基础课教师的教学积极性。这些教学改革举措使动力工程系教学质量迅速提高、学生风貌明显改善。该系学生由入学时的"两高一低"（委培、自费比例高、超志愿录取率高、入学分数低），经过一

秦裕琨教授任教研室主任期间工作照

秦裕琨教授担任系主任期间工作照

个学年的学习，便一跃成为全校前列，在全校引起轰动。

在秦裕琨的领导下，热能工程专业先后涌现出 8523 班、8923 班和 9023 班为代表的一大批省级、校级三好班级标兵。教研室先后被黑龙江省委、航空航天工业部授予"思想政治工作先进集体""教育工作先进集体""先进党组织"等光荣称号；秦裕琨本人也先后被省、市授予"优秀教师""先进教师"的荣誉称号；他主持的"教书育人、促进学生全面发展"获得黑龙江省优秀教学成果一等奖。

创建汽车工程学院

"哈尔滨工业大学汽车工程学院成立于1988年，由哈尔滨工业大学与中国第一汽车集团公司联合办学，旨在按产学研相结合的新模式培养汽车工业领域高级人才。1996年经过国家教委批准，汽车工程学院整体搬迁至山东威海。"这是哈工大威海校区官方网站上关于汽车工程学院的一段介绍。秦裕琨作为学院的创建人之一，全程参与了相关筹建活动。

提起汽车工程学院，就不能不提起哈工大的一位杰出校友耿昭杰。1954年，19岁的耿昭杰从哈工大提前两年学完电气工程及其自动化专业所有课程，来到正在兴建的第一汽车制造厂。此后，他展开了一段延续近半个世纪的汽车传奇。1985年，耿昭杰成为一汽第六任厂长。在他的建议下，1988年5月，哈工大与一汽联合创办了汽车工程学院，按教学、科研、生产一体化模式培养汽车工业领域所需高级技术人才。学院成立时设有汽车设计及制造和内燃机两个本科专业。这种大校大厂合作办学院，创造了我国培养人才的新模式。耿昭杰兼任汽车工程学院首任院长。秦裕琨担任副院长，主持日常工作。

新成立的汽车工程学院主要由哈工大动力系和机械系抽人组建。动力系负责汽车内燃机，机电系负责汽车车身，一汽提供实验条件。动力系和机电系两个系的高年级学生直接转入汽车学院成为首批学生。虽然是不同系，但一、二年级学的基础课是一样的，从三年级才开始专业课的学习，前两届学生在学校完成基础课程之后，大部分时间在汽车学院培养，由汽车厂提供实验条件，专业课由汽车厂的技术人员来讲，实验到汽车厂做。那个时候，办学条件比较艰苦，好在一汽给了很多支持，免费提供了大部分设备，比如旧的发动机、变速箱等。学生们做实验的汽车也是一汽淘汰下来的旧汽车，分文不收。

秦裕琨当时是动力系系主任兼党总支书记兼汽车工程学院副院长，三个职位都不是虚职，工作量很大。汽车学院虽然办起来了，但是办得很辛苦。由于学生在一汽联合培养，"不能把学生放在那里不管了，对不？"因此，秦裕琨得经常在哈尔滨和长春之间往返。那个时候，交通还不像现在这么便利，去一趟长春，通常是早上八点从哈尔滨开车出发，由于公路路况不好，到长春的时候已经是晚饭时间。

特别是刚开春的时候，公路经过一个寒冬，春融时期一开化，地就泥泞不堪，开始翻浆，汽车压上去就陷了，走走停停，坑坑洼洼，"这样的公路非常难走"。从早到晚颠簸一天，这条路秦裕琨来来回回走了很多次。"学生在那儿，我当然要去看看。"秦裕琨说。

随着汽车学院的各项工作逐渐步入正轨，秦裕琨的职位也有了调整，1990年秦裕琨成为哈工大副校长，卸任了动力工程系主任和汽车学院副院长的职位，不再参与具体事务。

中国的改革开放，带动了我国汽车工业的发展。汽车工业是一个资金、技术、人才密集的大产业,中国是世界上汽车工业发展的大市场,山东汽车工业发展有着良好的前景,威海地理条件优越,有利于高教事业发展,经国家教委和航天工业总公司批准,哈工大党委决定把汽车工程学院由哈尔滨迁至威海校区。1996年9月12日学校召开了搬迁庆典,汽车工程学院在威海正式挂牌,同年在威海面向全国招收汽车设计及制造和内燃机两个专业的本科学生。1997年汽车学院由哈尔滨整建制搬迁至威海,8月完成1994级、1995级哈尔滨在校本科生、研究生和教师的全部搬迁任务,并增设载运工具及运用工程专业,12月,成立汽车工程系,下设汽车、内燃机、汽车运用三个教研室。

俗话说"不在其位不谋其政",秦裕琨虽然逐渐脱离了相关工作,却一直在关注着汽车学院的发展,非常注重学术团队的建设和青年教师队伍建设。在动力工程及工程热物理领域,他还创立了哈尔滨工业大学(威海)能源与环境研究所,逐步培养起一支由杨建国教授、谭建宇教授等带头的富有朝气、锐意进取的教学科研团队。

担任主管教学工作的副校长

1990年,哈工大建校70周年。因为在教学改革方面所做的工作有目共睹,这年5月,秦裕琨升任为教务长,在学校的春季运动会上,作为学校中层干部正式亮相。秦裕琨的教务长是一个过渡的岗位,学校已经准备让他接替即将退休的周长源副校长分管教学方面的工作。因此,秦裕琨成为教务长之后,就在周长源副校长的带领下,系统地到各个院系和基础教研室调研,了解相关工作。1990年夏天的暑期工作会议上,秦裕琨谈到了自己的工作设想:"学校需要大师,也需要教书匠。"他建议学校设立教学岗,对专注教好书的老师给予奖励。当时国家已有很有影响力的教学成果奖,但评价的标准主要还是看教材编写、教学科研成果和相关论文等。秦裕琨说:"学校不一定这样(的标准),比如英语老师,他把英语教好就是好老师。高等数学老师,数学领域不一定好发论文,他只要把书教好就是好老师。学校应该给这样的老师鼓励,应该设立优秀教学奖,课讲得好就有奖励。而且这个奖与评职称挂钩,你不要要求那些老师一定要写多少论文,把书教好,有优秀教学奖,一样评教授。"

1990年10月,57岁的秦裕琨正式担任主管教学工作的副校长。当时的情况是,教学工作和管理工作面临新形势,难度有所增加,

秦裕琨(右一)升任教务长的第一次正式亮相,参加运动会

责任也变重了，很多大学教授都不愿意参与行政工作，只愿埋头搞科研。秦裕琨选择在这时候站出来投身行政岗位，把自己的科研工作按下了"暂缓键"。

"八小时之内，我一定是在副校长的岗位上，去履行副校长的职责。"这期间，秦裕琨完全践行了他"干就干好"的理念，带领教学管理干部认真调研、听取各方面意见，迅速出台并完善了"教学管理、考核和激励机制"，并一直延续至今。秦裕琨认为，对于学校发展，科研和教学同等重要，科研有项目成果和国家奖项作为硬指标评估，而教学往往是软的，没有统一的指标去评估教学的好坏，再加上老师也难免有惰性，这样一来，教学就更加容易被忽视了。

针对这一现象，秦裕琨借助之前担任动力系系主任狠抓教学的经验，开始在学校内对教学改革施展拳脚。一方面为鼓励教师认真讲课，秦裕琨积极创造条件改善教师待遇，按照课程情况为教师发放课时费，发放教学津贴，使教师安心教学。另一方面也对教师讲课质量进行考核，逐渐完善教学考核制度。秦裕琨先是把一些刚退休的教学经验丰富的优秀教师集合起来，建立教学检查组，为教师课堂教学质量评分，同时也从学生那里收集对老师的意见，也就是现在的"学生评教"。如此根据教学检查组与学生评教的两方结果对照，从而对每位教师给出中肯的教学评价，并将每位教师的教学评价纳入到职称评定体系中去，不仅加强了老师对教学工作的重视，也极大程度改善和提高了教学质量，优化和深化了教学督导工作。从"奖"和"惩"两个方面出击，迅速稳定改善了全校的教学秩序，为学校教学工作顺利通过"211工程"预审打下了坚实基础。

担任副校长期间，秦裕琨还特别注重本科生实验室建设，发挥基层和教务部门两方面优势，以资金配比的形式鼓励各个院系为本科生配备实验室，更新器材。他还以身作则，在能源学院带头自主设计了一些实验设备，获得国家教学成果一等奖。当时为提升学生毕业设计质量，学校专门为学生设置了毕业设计（论文）工作日志，学生及时记录工作的进行和成果，教师签字检查，重在过程管理。他还重视大学生文化素质教育，这期间学校开设了很多相关选修课，成立了相关教研室，经过国家考核，哈工大入选全国首批"大学生文化素质教育基地"。积极推动的文化素质教育丛书在他离任后也得以出版，在全国范围大量发行。1994年，他主管的教务处获评教育部首届"全国先进教务处"。

竺培国是秦裕琨担任教学副校长时的教务处处长，他评价道："秦老师平易近人，容许创新，善于扶持和帮助他人，很有长者风范，始终有一颗为国家为社会无私奉献、有求必应的心。特别是，关键时刻他能够以国家、学校教育事业为重，全心全意投入精力，狠抓本科生教育，狠抓人才培养，其能力和水平都不负众望。"

建立实验学院

进入20世纪90年代，随着科技经济的发展和社会对人才的要求提高，教育思想观念也在不断经历深刻的变革。贯彻因材施教是教学改革的重要内容之一，秦裕琨任职副校长期间，除了在建立教学监控和奖励机制系统、推进教学改革、提高教学质量、加强学生工作、扩大办学规模等方面做出了积极贡献，也一直在思考如何加强优秀学生的培养，突出学生的个性发展。

"教学改革是有风险的，并且只许成功不许失败。因为一旦失败，就是对一代人的不负责任。这样对不起学生，对不起家长，也对不起国家，所以只许成功不许失败。"在广泛搜集各方面的信息资料，组织人力进行调研后，1991年的学校暑期工作会议上，秦裕琨说出了自己深思熟虑之后的一个想法——建立哈工大实验学院，培养精英人才。

经过近2年的筹备，1993年实验学院正式成立。当时的想法是，实验学院必须给同学们尽量创造好的学习条件，配备好的教学资源，具体说就是给实验学院每个班配备一个小教室，选有经验的优秀教师来讲课，当然也要选择一些各方面都比较好的学生进入实验学院。

作为实验学院国际金融专业首届学生的1993级校友潘幼二在一篇回忆学生时代的文章里描述了自己眼中的实验学院：

> 学院成立初衷是要推行教育改革，探索新的教学模式，"实验"一词应该是校方寄予了这方面的期望吧。
>
> 实验之一，学院没有自己的老师，所有的授课老师都去其他学院外聘，请来了很多学界的大咖。高等数学老师是元老级的杨克劭教授，线性代数老师是教材编写者郑宝东，概率论老师是号称"四大名捕"之一的王勇。印象中，这些教授个个讲课都不用带教材，一支粉笔，侃侃而谈。
>
> 实验之二，学院借鉴西方大学必修选修的制度，但在必修的课程项目上，大量结合了工科的内容。作为金融专业的学生，我们学的课程除了财经类专业课，还包括机械制图、理论力学、金属工艺学，需要学会使用机床、跑到实验室做科学实验（教我们大物实验的马晶是国家科技一等奖获得者）。这样的课程设置放在任何其他经济金融类高校，恐怕都是令人难以想象的。对此，当时的我们大多数也是不理解的，甚

至调侃说我们的专业不是国际金融,而应该叫"国际金属"。在事隔多年后,再回头看这件事,却是峰回路转,这样脑路清奇的探索倒是颇具前瞻性。后面时代的发展表明,金融作为一门经济领域的学科,越来越和其他专业,尤其是工科、理科紧密相连。比如,最先进的量化交易模型设计,人工智能的介入辅助,必须具备扎实的高数、统计学等基础知识;近几年蓬勃兴起的投资基金领域,需要对所投资行业有深刻的理解,如果没有对新材料、新技术的发展快速学习的能力,恐怕也难以胜任。而具有跨学科知识架构的特点,形成了哈工大金融学子独特的竞争力。

实验学院是哈工大的教改"特区"。教师关于教改的尝试在这里得到鼓励。一批思想活跃、热心改革的教师在实验学院有充分的施展空间。讲授材料科学的教师引进弹性力学、塑性力学的概念和观点,从一维杆件扩充到三维弹性体;数学分析课重点培养学生的逻辑分析能力和建模能力,并加大信息量,用相当于普通班5/6的课时教授多出1/4的内容;物理课除了讲传统的力、电、热、光,还讲量子力学、超导激光等近代物理;还有一些课程如理论力学、自动控制、大学物理等,则使用了英文教材,从作业、练习到考试都用英文。

实验学院强调教师一定要向学生提问题,培养学生的好奇心和自信心。化学、概率等课程的教师,在课程快要结束的时候,要求学生提10个问题,教师根据问题的深度给成绩,计入总成绩的一部分。电路课将学生每3人分为一组,每组自己提出问题自己解决,并在全班报告。计算机基础课的课程设计也是3人一组,自选题目,自己完成设计和研究报告。哲学课,教师讲课占1/3,课堂讨论占1/3,学生在全班做研讨报告或阐述个人观点占1/3……

除此之外，实验学院以创新学分的形式给学生更大的自我展示空间，这一做法后来在全校得到推行。在任期内，秦裕琨致力于把实验学院建成因材施教、注重基础，培养高素质、全面发展型人才的实验基地。实验学院多年来的不断探索和发展建设已经证明，这一措施对于全面推进教学改革工作和培养高素质创造型拔尖人才具有重要的实践意义，为哈工大的教学改革提供了有益的借鉴和经验。

2011年，哈工大实验学院更名为英才学院，英文名是Honors School of HIT。从后续发展来看，实验学院的"实验"是成功的。正如潘幼二写道：

> 毕业后，我的第一份工作是在中国人民银行浙江省分行从事外汇管理工作。纵观同一届的同学，基本都有不错的发展。有的在体制内成长为金融监管机构的领导，有的在体制外打拼到中国排名前十的基金管理人，还有的继续留在母校教书育人，而更多的同学奋战在各条经济战线，发光发热。这些同学的成绩维护了我们第一届实验学院的名声，也算没有辜负当时学院领导的探索和努力。

出 国 交 流

1979年1月1日，中华人民共和国和美利坚合众国建立正式的外交关系。1月28日至2月5日，邓小平应美国总统卡特的邀请赴美进行了为期9天的正式访问。中美关系从此开始了新的一页。

邓小平刚回来不久，同年4月初哈尔滨工业大学成为我国第一所接到美国高校正式邀请的高等院校。哈工大派出了17人的代表团在美国主要高等院校进行了长达40天的交流访问。这也是我国第一个出访人员最多、访问时间最长的大学代表团。至此哈工大国际化办学的蓝图重新铺开①。

1987年，刚刚担任动力工程系主任的秦裕琨受学校派遣前往美国访问，同行的还有杨励丹、张子栋。秦裕琨一行第一站去的是纽约。纽约位于美国东海岸的东北部，是美国人口最多的城市。那个时候的中国人站在美国街头会觉得很不一样，数不清的高楼大厦，川流不息的车辆……顾不上欣赏异域景致，秦裕琨他们来到中国领事馆，这里的住宿费用相对比较低廉，第二天秦裕琨一行就前往芝加哥附近的摩根城，访问了那里的能源实验室。

实验室有个当副处长的华人，叫向哲愚。他是中国共产党的第一位女中央委员向警予的侄子。那时候，中国人在美国当官可不是件容易事儿。向哲愚对秦裕琨说因为自己已经入了美国国籍，不方便谈爱国主义，但可以谈民族主义，因为他们都是华夏儿女，都是中华民族的一分子。当年不加入国民党出不了国，他是以国民党党员的身份去的美国。

"我到美国的第一年，想加入美国国籍，但受到限制，申请被驳回。原子弹发射成功后，美国就放宽了条件，我借了这个光加入美国国籍。"向哲愚说以前每年只有很少的中国人可以加入美国国籍，但中国的第一颗原子弹爆炸后，这个指标就放宽了，中国人的地位提高了。所以中国的发展，对于在美国的中国人也有好处。

"如果外国人欺负我们，还手是必须的，若是连还手的能力都没有，那完了，就等着被欺负吧。"美国之行，让秦裕琨更加坚定了自己的强国梦。因为中国还不够强大，中国人在海外还不能扬眉吐气。当时华人在美国的待遇仍十分不

---

① 参见《漫游中国大学·哈尔滨工业大学》第41页。

公平，就比如说华人要在当地开一家饭店，没有黑手党的同意是没法做生意的。

邀请秦裕琨等人访问的是威斯康星大学的一个华人教授，叫曹克诚。他的经历让秦裕琨很受触动。曹克诚刚到美国时以擦皮鞋为生，当小工赚钱，生活十分艰辛，像他这一辈的华人在美国都有一段辛酸的"血泪史"。

有一天下午，秦裕琨一行同几位美国教授会谈。秦裕琨发现其中有的人并不友好，对他们不太尊敬，甚至把脚放在了桌上，用鞋底对着他们。对此秦裕琨不太高兴，于是也转过身来，背对着那个美国人。当时国家对于出国人员的各项支出都有一定的指标，原则就是尽量不要超出预算，如果能

秦裕琨（左）和曹克诚教授在学术报告会后交谈（1986年）

秦裕琨（右二）访问威斯康星大学

够省下钱来，还会受到表扬，所以秦裕琨一行在美国所住的旅馆都是以经济实惠为首要选择，而这一点后来还受到了一些美国人的调侃。

"总体来说，我们在美国遇到的能非常友好地接待我们的要么是华人，要么是日本人，要么是英国人。真正的美国人能对我们热情的不多。因为这种歧视，所以我一直对出国不太有积极性。"虽然这次美国之行有着这样那样的不尽如人意，但秦裕琨也见识到了美国经济的发达和科技的先进，这也让他的"强国梦"更加炽热。

秦裕琨担任副校长期间，哈工大和日本千叶大学签订校级协议，两校互派人员交流。1991年秦裕琨一行去了日本之后，千叶

秦裕琨（左二）会见千叶大学理事长照片（1991年）

大学代表很热情地接待了他们。借此机会，秦裕琨他们也去了日本的另外几所大学参观调研。当时，他感觉这些学校与国内的大学也相差无几，他认为国内的著名大学可能与这些学校差的不是"硬件"，而是"软件"。

  日本京都的一些古建筑也给秦裕琨留下了深刻的印象。京都于公元794年仿照中国唐朝的都城长安而建，但规模相对小很多，此后直到19世纪中期一直是日本的都城和文化中心。在京都，秦裕琨看到了很多在中国都较难见到的典型唐代建筑。日本对于这些古建筑十分重视，他认为中国也应该在这方面加大投入。此外，中国历史上战乱频繁，很多建筑都毁于战火之中。他觉得和平来之不易，只有国家强大了，才能保持稳定，才能保证人民的生命财产安全。

秦裕琨（右三）访问日本时参观实验室

第十章

老驥伏枥更奮蹄

回归科研工作

教学改革还在进行中，1994年，61岁的副校长秦裕琨该退休了。当时给秦裕琨当秘书的郑世先说："秦老师高高兴兴地卸任了副校长，很愉快地把这个工作交给了他的继任者刘家琦副校长，真正从内心里非常愉快地离任。"在秦裕琨自己看来，当校领导服务师生很好，回学院当老师也很好。用他的话来说就是："回来以后我就可以全力以赴（搞科研）了！"

作为校领导，学校办公室会提供一些服务，比如出差帮忙买票、接送站等。秦裕琨对郑世先说："小郑啊，以后你就千万不要管我了，校办以后就不用管我了，我回去当老师去了。"从那以后，秦裕琨就再也没有以原副校长的身份让校办提供过任何服务，郑世先说："一次也没有。"他帮秦裕琨收拾办公室的东西，只整理出来好几麻袋的书。

卸任后的第二天，秦裕琨就回到了热能动力工程教研室。郑世先记得："他们那个课题组当时挺困难的，经费挺紧张的。秦老师当副校长的时候把时间和精力主要都用在管理工作上，他就没时间去跑这些科研的东西。"

李争起说："实际上秦老师当领导这段时间，对科研工作是有影响的。"李争起读研究生期间，秦裕琨正在哈工大副校长任上。"1991年开始搞课题，遇到弄不明白的问题，只能是中午或者晚上找到他汇报，实际上中午他时间也很紧张，外边接待任务挺多的，都是晚上下班了过来。我出差时给秦老师打电话也不方便，他经常开会接不了电话。那时候还没有手机,只有固定电话,打他固定电话经常没人接,因为一到办公室他就开会去了。找不到人,这不影响科研吗?是影响科研的。"

朱彤记得,那时候想要跟秦裕琨谈科研的事情,不是晚上就是赶一大早在秦裕琨去上班之前,从家里到哈工大行政楼的这一段路上,边走边谈。"他没有其他的时间。"秦裕琨开玩笑地对他们说:"当了校长,我的时间安排是秘书给定的。"每天早上到了办公室,桌子上就有一张当天的时间安排表,满满当当,几点钟要开什么会,几点钟要接待谁,几点钟要与谁座谈,清清楚楚把时间分成了很多份。"我基本就是执行,所以很少有时间考虑自己专业上的事。"

跟秦裕琨一个办公室办公的教务长竺培国很了解秦裕琨的工作状态,他说:"秦校长从院里面出来履行副校长之职前已经具备

秦裕琨在办公室

了相当的科研实力，但是这时候抽出来做行政工作，他无疑在时间上和精力上都是一种损失和担当，这个精神就是义无反顾地在国家需要的时候能够站出来，这点我认为是比较好的，而且他是全情投入。秦老师是基本上都在办公室里面，至少是白天时间他都放在行政工作上，既然要干就干好。"

"秦校长非常敬业，非常投入，我所谓的敬业和投入就是指他对教学管理工作。他把教学管理放在了第一位，觉得这是学校交给的重担，应当对学校负责，对学生负责。若非如此，他评上院士的时间应该会更早一些。"接替秦裕琨副校长工作的刘家琦说，秦裕琨虽然性格温和，但做事却是"规格严格"。"他一直按照学校的规定办事，既然学校规定了就照办，如果说这个规定不合理，那么可以修改规定，但是有了规定就得照办，对谁也不能容情，否则那等于没有规定。"

"用心和不用心做出来的效果是不一样的，做任何事，我都会尽力，不能说所有事情都做好了，但是知道我都尽力了。"这是秦裕琨对自己几年"从政"生涯的总结，"倘若不抓教学、不培养人才，干脆就别叫学校了。所以那几年，虽然科研活动一直在做，但实际上我的更多时间几乎都用在行政上了，就是工作日白天搞行政，其余的时间加上周末搞科研。"虽然职务在教研室主任、系主任、副院长、副校长等各种角色中交接变换，但他从来都是竭尽所能，全心投入，辛勤耕耘，不求回报。

"无官一身轻"的秦裕琨回到教研室后，马上开始去各个相关单位跑了一圈，前前后后大概一个月，给学科"跑"来了一百多万元的科研项目经费。"1994年的一百多万是非常大的数目，对他们学科来说也是一件大事了。"郑世先说，"秦老师这一点让我非常佩服，他把行政和教学科研分得很清楚。当副校长就全心全意当好这个副校长，副校长不当了就全心全意回去搞科研，非常好。"

工业性试验

时光荏苒，当初热血沸腾的壮志男儿已经变成了满头白发的先生。岁月可以改变很多东西，对秦裕琨来说，永远不变的是从未褪色的强国梦想。

1993 年，秦裕琨 60 周岁的时候，水平浓淡煤粉燃烧技术可以从实验室走出来了。但新的问题是，怎么才能找到一个电厂进行工业性试验？在秦裕琨团队广泛联系电厂后，得到的却是不容乐观的消息：电厂出于当时保证生产安全的考虑，哪怕是免费给做技术改造，也不愿意冒风险。

"大厂子干不了，咱们找小厂子干。新锅炉不让改，咱们去改报废的锅炉。"秦裕琨说，大电厂要求稳妥不愿意采用未经实践检验过的技术，也可以理解。咱们"农村包围城市"，办法总比困难多。团队中的吴少华曾经在北大荒下过乡，几经周折终于联系到远在北大荒的红兴隆电厂。那时候交通不方便，去红兴隆要从哈尔滨东站坐 24 个小时火车到东方红，再从东方红开车 6 小时才能到电厂。

红兴隆电厂是个小厂子，处于电网的末端。由于北大荒本地供电不足，电压特

秦裕琨指导研究生的科研工作

别低,甚至时常低到一百多伏。理论上电压低于 175 伏就会对电器有损害。红兴隆电厂的建立就是为了提升当地的电压,补充电网的不足。

这个厂里只有一台 35 吨/时锅炉。电厂旁边有一座小煤矿生产劣质煤,这种煤不好烧,电厂又不通铁路,用汽车从外地运煤来烧成本太高,只能在煤粉里拌燃油。电厂也正在想办法找技术,跟秦裕琨团队联系上之后,也是抱着病急乱投医的态度,寄一丝微茫的希望,同意他们做试验,希望能把问题给解决了。秦裕琨的博士生孙绍增过去了,按照水平浓淡煤粉燃烧技术对锅炉进行了改造和调试。孙绍增说:"他们(电厂)有经验,但是毕竟有的时候比较片面。我们有理论,但是我们经验不足。对我来讲,那是我学艺的一个场所,有秦老师在后面提供支撑,所以一块儿把这个做得很好。"锅炉改造完成之后,效果非常好,"死马"被他们一举医"活"了!地产煤可以燃烧起来了,也宣告水平浓淡煤粉燃烧技术正式成型,可以正式从实验室走出来,在工业上进行应用。这项新技术不仅给红兴隆电厂带来了直接的效益,还救活了一个小煤矿。

新技术得到验证之后,接下来要解决的一个问题就是技术的放大。"对电力系统来讲,你的技术要用到主流上才可以。所以除了基础的,还要一点点放大。"孙绍增说,35 吨/时锅炉的规模是 6 000 千瓦,接下来,他们准备找 2~3 倍规模的电厂。1994 年,他们又去了北安电厂,这个电厂的规模是 12 000 千瓦。

北安电厂的问题是燃烧的稳定性调不下去,用额定负荷的百分数来定,当时电厂希望能达到 40%~50%,但孙绍增他们只能做到 50%~60%。秦裕琨亲自跑过去查看。"因为燃烧是很大的系统,我们当时都集中在燃烧本身上,但其实智能系统等还有很多名堂,秦老师去指导我们,就把这事做下来了。"在孙绍增看来,燃烧和热力学专家就像是老中医,需要理论跟实践共同结合才可以。"这也是为什么秦老师总跟我们说，做研究要以应用为导向，要做有用的东西。"在北安电厂的锅炉上对技术进行再次验证之后，团队继续再接再厉，放大放大再放大。

电厂应用

此时的中国大地上，正经历着改革开放以来又一轮新的迅猛发展高峰，能源供给问题成为决定生产的关键性因素。在新的电厂和锅炉一时难以建设起来，部分企业又不敢贸然投资新建厂房时，秦裕琨的新技术让很多发电厂眼前一亮，开始对这项新型煤粉燃烧技术有了兴趣，新技术成为大部分发电企业愿意尝试的项目。

在煤炭燃烧方面，当时燃烧器分两大类，一个是直流燃烧器，一个是旋流燃烧器。秦裕琨的几位学生中，孙绍增研究的是直流，马春元和李争起研究了旋流，在煤炭燃烧两大类上各自发展。秦裕琨对自己的学生们说："要是有了技术示范，这仗就好打了。"秦裕琨希望两组学生能够分别在两个方向上取得突破，使水平浓淡煤粉燃烧技术在不同类型的电厂上都得到推广和应用。从这时开始，水平浓淡煤粉燃烧技术进入快速发展阶段。从直流到旋流，从小机组到大机组，在发展中完善，在完善中推广。

彼时国内使用旋流的不多，主要有山东青岛的黄岛电厂、河北的马头电厂等为数不多的几家。马春元在跟着秦裕琨就读博士之前，已经在山东工作。在做完技术试验后，他盯上了黄岛电厂进行技术推广。

"也是一个机遇。"马春元说，因为黄岛电厂当时正好稳燃出现很大困难，这给了马春元和李争起机会。黄岛电厂的规模比之前的大多了,是21万机组,不过到17万时锅炉几乎就灭火了。秦裕琨团队提出了稳燃、低碳、节约燃烧煤的改造思路,1994年在学校加班加点地拿出了方案。1995年,秦裕琨团队的技术正式运用到了黄岛电厂锅炉设备上,直接一步跨越到了20万机组。

当时秦裕琨已经60多岁了,从哈尔滨跑青岛比马春元从青岛到哈尔滨还频繁。只要有条件,他就要亲自到炉子里去。"炉子里"是确确实实进到炉子里面,一个锅炉二三十米,就是四五层楼高,宽30来米,深度方向是十五六米,这么一个大空间就是一座楼房。锅炉里面的空间就是炉膛,只不过盖楼是在外墙搭脚手架,做实验是在锅炉里面搭架子。60多岁的秦裕琨跟着年轻人一起爬上爬下。李争起记得,有一次架子的铁丝绑得不是太紧,差点一下子塌了。多年后回忆起这惊险的一幕,李争起依然忍不住感叹:"60多岁的人了,就这么上一线。"

"当时我们国家进口了苏联的旋流燃烧锅炉,可是烧着我们的煤炭,就是不好烧,灭火,烧不透,燃烧效率低,装了以后有了

秦裕琨60多岁仍与学生马春元在山东黄岛电厂指挥现场奋战,半夜饿了啃馒头(1993年)

很大的改观,就一举成名了。"马春元直接在这个项目的基础上完成了博士论文《旋流燃烧器工业试验及应用》。"1996年我把论文一整理,创新性也有了,应用也有了。一项新技术,3年就应用到大中型工业装置上,确实是挺幸运的,秦老师指导得好。"马元春说。

这项技术在旋流燃烧器的第一个应用示范是在黄岛电厂,直流则是在辽阳石化的自备电厂。1995年,该项技术在辽化420吨/时锅炉上成功应用,达到10万千瓦的规模。同时取得了高效燃烧、低污染(降低有害气体氮氧化物的排放)、低负荷稳燃、防高温腐蚀和防结渣等明显效果,也为向更大机组发展积累了宝贵经验。

孙绍增记得那时候大家一起跑项目的时光。"我们找项目,就得一个电厂一个电厂跑。那时候跟现在跑项目不一样,现在跑项目就是国家的各部委各基金,去北京就行了,那时候得一个厂

工作中的秦裕琨(左二)

一个厂钻山沟。我们一块儿坐客货混装的列车穿越太行山，从邯郸到长治，沿着那条铁路线。那附近有很多烧劣质煤的电厂，我们就去推广这项技术。"60多岁的秦裕琨，跟着学生们一块儿跑。"他身上一点架子都没有，跟我们说话都是那种商量的口气。"在马春元看来，从副校长位置上退下来的秦裕琨，"也算是个官了"，能够长时间和学生一起在相对恶劣的、比较危险的环境下做事，长时间到实验现场指导，这是很难能可贵的。

1996年的冬天，山东菏泽电厂的锅炉出现了非常严重的结焦情况。秦裕琨和马春元、孙绍增一起过去找原因。当时去菏泽，没有直达的铁路，要先到济宁，然后再坐车到曲阜，从那里再到菏泽。师生三人到了济宁后乘长途汽车，车厢里满满当当都是人，马春元和孙绍增只能给老师"抢"了一个小马扎子放在过道里，让他能坐下歇一歇。那是接近春节的春运高峰，马春元看着头发斑白的老师，虽然在长途汽车过道里和那些长途跋涉的人挤在一处，可是在人群中，他是那么突出。马春元在讲到这一段的时候，有人问："是不是觉得这一刻老师一点都不像个大教授？"马春元立刻摇头："不，就是在人群中，老师一看就是大教授，一看就是。"他由衷地感到了秦裕琨的难得。

1997年，直流水平浓淡煤粉燃烧器在河南焦作200兆瓦机组上燃烧无烟煤成功应用，使这项技术又上了一个台阶。河南焦作电厂是全世界公认最难的一个项目。670吨/时的锅炉，20万千瓦，烧无烟煤，四角型安装方式。由于煤供应较为紧张，有什么煤就烧什么煤，其中大量都是无烟煤，需要和油一起烧。秦裕琨团队的直流水平浓淡煤粉燃烧器使用之后，能达到百分之百负荷，还不需要烧油。焦作电厂的设计成为烧无烟煤的一个范本，并以此为示范工程大面积推广应用。1998年6月，应用水平浓淡煤粉燃烧技术的300兆瓦机组点火成功，标志着水平浓淡煤粉燃烧技术进一步走向成熟，并得到了社会的广泛认可。

系列浓淡煤粉燃烧技术

水平浓淡煤粉燃烧技术不断发展创新,在从小机组到大机组的广泛应用中逐渐走向成熟。秦裕琨带着团队形成了一系列的煤粉燃烧技术体系,覆盖了电站锅炉的主要燃烧方式和煤种。

为了和时间赛跑,秦裕琨经常会在实验室待到半夜甚至过夜,做项目更是经常出长差。在秦明和秦江的记忆中,家里吃饭常年都是三个人,秦裕琨总是在忙。秦明记得有一次,秦裕琨满脸都是黑灰地回到家,恰好家里人都在,就打趣他"跟煤矿工人似的,从井下刚上来"。秦明说:"那个时候他们做事业的劲头是很足的,确实有一种工作狂的精神。"

孙绍增和朱彤都记得与秦裕琨一起做实验时发生过的一段插曲。由于实验系统简陋,没有封闭煤粉仓,从外面买了煤粉后再扛到实验室。孙绍增描述说:"那个是很重的体力劳动,李争起老师当时扛煤粉的时候腿都在抖,

秦裕琨指导学生实验(1994年)

这真是巨大的透支。"由于这是个热态试验，需要连续地做下来。所以大家凌晨就守在实验室开始点火，然后白天开始做实验。因为停下来之后再启动很费劲，一次实验需要长时间连续做下来。从前一天晚上，已经有一部分人开始熬夜，白天做一天实验，第二天晚上几乎又得一个通宵，到早晨四五点钟的时候才能做完。"做完了以后，实验室包括实验室附近的走廊已经乌烟瘴气了。不过实验停下来以后，大家都不愿意动弹了。"这时候，秦裕琨发现走廊太脏了，就自己拿着扫帚去打扫走廊。"等我们意识到不对劲的时候，去找秦老师，走廊已经扫一半了。其实他也是60来岁的人了。我们作为一个团队，大家都感觉累的时候，想休息的时候，他却去做这件事情。这是秦老师给我印象最深的一件事情。"孙绍增说。

牡丹江第二发电厂、新华电厂、兴和电厂、辽宁电厂……水平浓淡煤粉燃烧技术在各个电厂得到推广，不过炉子和炉子不一样，每一个电厂都有特定的改动和优化，团队针对电厂的适应性又做了一系列工作。团队也从开始时的三四个人发展到二十余人，并于1999年组建了燃烧工程研究所。

秦裕琨在指导学生开展煤粉特性分析试验

自1987年提出水平浓淡煤粉燃烧的思想，总结10余年来的实践经验，这一原理适用于各种煤粉的燃烧方式。秦裕琨将其归纳为"风包粉浓淡煤粉燃烧技术"：在煤粉燃烧时使煤粉相对集中在火焰中部，而炉壁四周的空气相对过剩，据此研制了高效、低阻的煤粉浓缩器，强化了浓淡燃烧的作用，将"风包粉"和"浓淡燃烧"的思想相结合，达到高效、稳燃、低污染、防结渣和防高温腐蚀的综合效果。

系列浓淡煤粉燃烧技术的发明，标志着秦裕琨所从事的研究领域达到了世界先进水平。正像他一开始研究这件事时说的那样："有些是国外没有遇到的情况，我们搞成了，就是国际领先。"该技术把国际上通用的切圆燃烧方式适用范围从 $V_{daf} \geq 14\%$ 拓展到 $V_{daf} \geq 8\%$，被西安热工研究院写入《大容量煤粉燃烧锅炉炉膛选型导则》（DL/T 831—2002）。2000年末，"风包粉系列煤粉燃烧技术的推广与应用"获得黑龙江省科技进步奖一等奖。

以徐旭常院士为主任委员的专家鉴定意见认为："（该技术）理论上有创新，技术上有突破，适应面广，投资回收期短，经济效益突出，社会效益明显，市场前景广阔，为煤粉燃烧技术发展做出了贡献，达到了国际先进水平。特别是在用煤粉燃烧方式燃用无烟煤、贫煤时，在同时取得稳燃性能好、燃烧效率高、低氮氧化物排放、防止结渣并可望

黑龙江省重大科技效益奖证书

获奖证书

控制高温腐蚀的综合效果方面,属国际领先水平。"

这项技术覆盖了电站锅炉的主要燃烧方式和煤种。自1998年以来,每年新增容量以几何级数在增长,截至2001年2月,应用此技术的机组总容量已经达到15 690兆瓦,其中最大单机容量600兆瓦,并被哈尔滨锅炉厂、上海锅炉厂、东方锅炉厂、武汉锅炉厂、北京巴威公司等所有大型锅炉制造厂在新产品设计及技术改造中应用。根据有经济效益统计的29台4 482兆瓦的统计数字显示,该项技术每年为社会创直接经济效益1.348亿元,为国家带来了巨大的经济效益和社会效益,且较大幅度降低了氮氧化物排放。

2001年2月19日,北京人民大会堂隆重举行了新中国成立以来科技界规模最大、规格最高的一次国家科学技术奖励大会。年近古稀的秦裕琨郑重地从时任国务院总理朱镕基手里接过2000年度国家技术发明二等奖证书。这份荣誉的背后饱含了这位老人带领课题组披荆斩棘、知难而进奋战十几年付出的辛勤和汗水,也是一位老知识分子、老共产党员一生矢志不渝、献身科研,向党和人民交上的一份沉甸甸的答卷。

同年,秦裕琨当选中国工程院院士。

剑指新领域

2001年秦裕琨当选为工程院院士之后,回到课题组的第一件事是召集全员开会。会上,68岁的秦裕琨,谈起了自己对下一步研究方向的规划,他希望课题组内的每一个成员,按照自己的兴趣和实践,确定今后的发展方向。孙绍增认为:"秦老师评上院士后，他应当是觉得对吴老师和我这些从最开始跟着他的一批人有了交代。"现在，这个接力棒应该传给更年轻的一辈人了。

2001年获得国家技术发明二等奖后，吴少华开始主持国家"863"计划项目。"在专家组，写国家规划，视野比较宽了，就觉得不能一直搞一个方向，要拓展一下。就找到我们能参与的课题，年轻人都参与到课题里面，又做了很多新方向。"吴少华说。年轻人怎么选择方向，秦裕琨不要求，他唯一的要求是："必须多干实事。"

从自己评院士的经历来看，秦裕琨意识到，当选院士不仅仅是因为个人得过奖，更是看一生在行业里所做的贡献，能不能在某个领域起到领头的作用。"很多人在递交资料的时候都分条罗列自己的成绩和成就，而我并没有这样去做，只是把我这前半生的经历写了下来，这些都是我干过的实事，都为我当选做了贡献。所以说年轻的一代要多干实事。"这是秦裕琨对他课题组年轻人的殷殷期望，也是用他半生经历总结的谆谆教导。

在这之后，秦裕琨更多扮演一个"舵手"的角色。他的学生和同事们，根据自己的考量选择了各自侧重的方向。吴少华开始更多地关注污染物控制领域，燃烧产生的氮氧化物、硫氧化物以及颗粒物等的控制。孙绍增继续在燃烧学领域深耕，研究煤和其他燃料（如生物质、石油焦等）的燃烧特性，气固两相流动，流动、传热和燃烧过程的数值模拟，以及一个之前几乎没人涉及的方向：生物质的资源化利用。

后来，孙绍增从事的工作之一是尝试通过用产业的方式解决秸秆问题。他说："秦老师常讲的一句话就是：要以解决国家需求为己任，引领国家在某一个行业、某一个领域的发展。秸秆焚烧对大气环境造成的污染日益明显，如何有效解决秸秆问题，既不污染环境，又不增加农民负担，达到秸秆资源的最大化利用就是我们当前的一个主要任务。"

进入新世纪，火电厂环保问题日渐突出。我国电煤占煤炭消耗量的60%以上，大气中的氮氧化物（NO_x）主要来自于煤燃烧，是产生雾霾的主要前驱物之一。随着水电、核能等清洁能源的快速发展，很多人都认为在锅炉这样的传统专业里很难再有大的技术创新。可是，秦裕琨不这么看。中国的能源结构中，油气不足，约占30%，以煤为主，达到70%，使用燃煤是中国特殊又实际的情况。煤燃烧过程的清洁化将逐渐成为能源领域的重大需求。

针对直流煤粉燃烧方式中传统低氮燃烧技术燃用劣质煤时NO_x排放高、燃烧效率低的难题，秦裕琨团队发明了宽煤种清洁高效直流煤粉燃烧技术，在实现低NO_x排放的同时，提高了对煤质变化的适应能力，解决了燃烧初期分级和宽煤种立体分级燃烧难于控制等问题。

秦裕琨还带领团队主要改进了带煤粉的一次风进入炉膛的方式。国际上通常采用的方法是上下分级燃烧，也就是在炉膛的主燃烧区域的空气不足以满足煤粉充分燃烧的需要，在炉膛上部再供入燃尽风，以保证煤粉完全燃烧。秦裕琨团队提出了空气、煤粉立体分级燃烧的概念，也就是除了上下分级以外，在水平截面上也实现四周空气相对较多，煤粉主要在炉膛中部燃烧。一方面仍采用水平浓淡煤粉燃烧技术，另一方面又开发了上下、左右都可以摆动的二次风喷嘴，通常的直流燃烧器喷嘴只能上下摆动，是为了汽温调节，而新增加的水平摆动则可以调节炉膛四周的烟气气氛。这一技术在国内得到推广，并在很多电厂满足了当地环保标准的要求。为此，团队荣获2010年黑龙江省科技进步奖一等奖，并参编了行业煤粉燃烧设备设计型谱1部。

以梁维燕院士为主任委员的专家鉴定意见认为："该技术

有较强的煤种适应性,在大幅度减排 NO_x 的同时,取得燃烧效率高和防止高温腐蚀的综合效果,达到国际领先水平。"该技术被哈尔滨锅炉厂、上海锅炉厂等采用,新建和改造 176 家电厂 423 台锅炉,总容量为 1 660 000 兆瓦,其中出口 9 个国家 69 台锅炉总容量 340 000 兆瓦,包括当时世界上参数最高的莱芜电厂 1 000 兆瓦二次再热超超临界机组。采用该技术对美国 Kapp 电厂的 220 兆瓦机组锅炉进行改造后,该机组位居全美最佳低氮燃烧机组之一。据部分统计,截至 2015 年底,基于该技术新增销售额 102 亿元,新增利润 7.6 亿元。

这个从 1987 年由秦裕琨带领的"燃烧课题组",后来以研究方向命名为燃烧工程研究所,随后又更名为碳中和能源技术研究所。在响应国家重大需求、促进能源结构转型和国民经济高速发展等方面正在逐步发挥越来越大的作用。

燃烧工程研究所合影,前排左四为秦裕琨(2004 年)

燃烧工程研究所师生合影,前排右七为秦裕琨(2007年7月)

碳中和能源技术研究所合影,二排左六为秦裕琨(2021年)

第十一章

继续为建设美丽中国而奋斗

解决中国的实际问题

秦裕琨在自身的科研实践中,始终服务于我国热能工程领域的重大需求和国计民生,他告诫研究所的师生:"写中国的论文,解决中国的实际问题。"

在组内其他人都向更多元的方向探索时,李争起做了一个相对特别的选择。有人曾说:"只有李(争起)老师还在按照秦老师那个方向或者说思路在做,服务对象依然是电厂。"其实,秦裕琨当选院士之后,让大家再次确定发展方向,未尝没有一种不确定的考虑:自己这个方向还能有多少创新,还有多少可供研究的地方?李争起记得秦裕琨在会上也大概表达了一个意思,目前这个方向也就到这么一种程度了,继续往下走还能取得多少突破尚未可知,接下来,你们面临的一个选择就是,你们到底想做什么东西,想要怎么干。

在别人准备转向看起来更高端前沿的课题时,李争起还是想继续做好煤的燃烧。在他看来,虽然面对的服务对象还是电厂,但问题已经是新问题了,他选择了研究旋流和W火焰锅炉。

我国发电用煤占煤炭消耗量的60%左右,大型电站煤粉燃烧技术主要有直流、旋流和W火焰三大流派。一直以来,国内推广应用最广泛的是直流式水平浓淡煤粉燃烧技术,在役电站锅炉市场份额约占60%,后两者分别占30%和10%。尤其是W火焰锅炉,大家都不看好。有人直言不讳地告诉李争起:"W火焰锅炉价值不大,低挥发分煤直流燃烧器也能烧,可以烧到8%,8%以下的

W 火焰锅炉也烧不好，但是循环床能烧。W 火焰锅炉氮排放高，机组造价高，运营又复杂。这种燃烧方式不可取。"

W 火焰锅炉是国外专门为了燃烧难燃的无烟煤而开发的。无烟煤属于煤化程度较高的煤种，挥发分含量低，燃尽困难。W 火焰锅炉燃烧器设置在前后墙的拱上，火焰向下喷射，到下部两股气流在中间汇合再返向上，形成"W"形。这种路型的火焰长度较长，有利于充分燃烧，向上返的高温火焰与燃烧器喷出的煤粉气流相遇，有助于着火。秦裕琨和李争起的看法一致，他们都认为，W 火焰锅炉是有可取之处的。

低挥发分煤燃烧需要充足的空气，充分满足燃烧过程所需要的氧量。在已投运的同类型的 W 火焰锅炉中，一些机组因为煤质较差，一次风速较高，高负荷下燃烧不稳定，必须限制供风量，锅炉被迫在低氧量下运行，炉膛内的氧量低于最佳值，进一步加剧了飞灰可燃物损失。正因为 W 火焰锅炉燃烧效果普遍较差，才亟须研究提高燃烧效率的技术和方法。要不要干？怎么干？李争起看着秦裕琨说："秦老师能解决重大问题，咬着牙干，我也应该这么做。"于是，李争起义无反顾地朝着自己选定的路往前走了。

从 2002 年暑假开始，秦裕琨指导李争起课题组进行全国调研，到各个电厂去看 W 火焰锅炉的运行情况。作为燃用低挥发分煤的主力炉型，我国自 20 世纪 80 年代末引进 300 兆瓦容量等级的 W 火焰锅炉以来，到 2003 年底为止共投运了 15 个电厂 40 多台 W 火焰锅炉，发电总量约 14 000 兆瓦，另外在建 10 余台。经过两年扎扎实实的实地调研，他们发现绝大多数已经运行的 W 火焰锅炉效果确实都不好，有的燃烧效率不高，有的氮氧化物含量严重超标。原因是燃烧组织和炉内流场不合理。例如，某型式 W 火焰锅炉中煤粉气流被分成浓淡两股后，淡煤粉气流被布置在向火侧，而浓煤粉气流却被布置在背火侧，这样高温火焰先遇到淡气流，着火被推迟,浓煤粉气流着火时煤粉浓度已大大降低,加之炉膛温度较高,氮氧化物排放极高。

秦裕琨(右一)在焦作电厂(2004年)

"我说要解决这些实实在在的问题,但是这些问题并不像咱们想象的那么容易。"等李争起开始独自挑起一个方向的大梁时,他真正明白了一个团队负责人的不易。首先遇到的困难并不一定是来自技术上的无法突破,而是如何凝聚起团队的力量。团队里跟着他的都是比他更年轻的人,年轻老师也需要发展,但是就评价体系来说,是否获得国家基金项目和课题是很重要的一项指标。"我们没有这方面的资助,评职称就上不去。你想啃技术方面的硬骨头,那没有一段时间是下不来的。那在一个阶段内,你跟同龄人的差距就拉开了。"在最初的几年,李争起常常陷入困惑:"这存在一个取舍，但这个取舍也是很痛苦的，是要付出代价的，换句话说我们变成被这个社会不认可的那拨人了。自己到底走错了还是走对了呢？"

"这种状态持续很多年，对人的压力是很大的，而且这种压力不光是我个人的，我们是个团队，我带着一群年轻老师，年轻老师也发展不起来。"在李争起陷入困惑时，秦裕琨成了他的定心丸。在秦裕琨所有的弟子中，大家有一个共识——秦裕琨最关注和关心的就是李争起的课题发展。别的课题组，秦裕琨隔三岔五会主动问：进展怎么样啦？有没有什么困难？对于李争起的课题，他总想着，自己是否能给出出主意，帮忙推动推动。不过秦裕琨并不觉得自己"偏心"："主要是吴少华、孙绍增他们，都不需要太操心。李争起不一样啊。"

李争起说："与其说秦老师支持我这个人，倒不如说他是为了支持我们这个团队，支持我们整个所，并不只是支持我。如果我的经历换成了其他人，他也会义无反顾地去支持。他是在支持这件事，他其实认可了这件事。而且我也敢于冒险，敢于跟国外较真儿。如果说秦老师对我特别欣赏，应该是对这种精神比较认可，为了一件事去做、去奋斗的这种精神，为了一个共同的目标、国家的需求，而不是为了个人，这是我觉得很重要的。"

燃煤污染物减排国家工程实验室

跟秦裕琨有所接触的人，都会发现他提及最多的是国家和个人的关系，他的选择始终以国家利益放在首位，研究方向和国家命运紧紧相连。许党报国、爱党强国是秦裕琨一生不曾停歇的追求。

他以自己为科教事业无私奉献的一生，完美地诠释了自己的梦想与实践。

秦裕琨在中央电视台《百家讲坛》栏目做煤的高效清洁燃烧报告（2002年）

2000年来哈工大燃烧所读博的刘辉，导师是吴少华。他来后时常看到老师的老师——头发斑白的秦裕琨。"当时我们燃烧所是一个大课题组。在整个课题的研究过程当中，秦老师参与各种技术方案的论证，包括研究生的开题，在整个课题进展的过程中，总看到他。那时候我印象最深的就是，秦老师已经到退休年龄了，但是他身上的劲头很足，完全没有快退休的那种状态。不久后评为工程院院士，他还是一如既往。"刘辉那时候并不知道，这种状态就是秦裕琨几十年来的工作常态。

刘辉清楚地记得，很多次在团队内部的会议中，秦裕琨都饱含感情地提到，自己有一个期望、两个遗憾。期望是对学科未来发展的思考："他总跟我们说，学科的发展一定要满足国家的需求，要顶天立地，不光是写几篇文章，一定要踏踏实实，解决工程实际的问题。"至于遗憾，也来自学科，一是动力工程还不是国家重点学科，另外则是学院还没有国家重点实验室。

秦裕琨的两个遗憾，在后续几年，陆续得到圆满。

2007年，在新一轮国家重点学科评估工作中，动力工程及工程热物理成为哈工大9个进入一级学科国家重点学科中的一个。

2008年，燃煤污染物减排国家工程实验室获国家发改委批准立项建设。这是秦裕琨认为自己70岁之后给学校和学院做的最重要的一件事。"实验室是集体的财富，它既给了科研人员更好的环境，又让科研人员之间的联系更加紧密。"秦裕琨说起实验室，欣慰之情油然而生。

20世纪，推动燃烧技术发展的主要因素是经济性和可靠性，进入新世纪后，保护环境和降低氮氧化物的排放应该成为推动燃烧技术发展的主要因素。

"能源与环境将是困扰我们中国经济发展的最大难题，中国的能源科技工作者就要研究中国的能源问题，我们国家的能源以燃煤为主，我们不研究煤研究什么？我们要关注国际趋势和热点，但更重要的是解决我们自己的问题。总跟在别人后面亦步亦趋地跑永远不行！"怀着这样的念头，秦裕琨思考着组建一个国家级研发平台的可能性。

经过充分调查研究，秦裕琨和自己的弟子马元春确定由哈尔滨工业大学、山东大学联合申报燃煤污染物减排国家工程实验室。在国家发改委发布指南后，由于起步早、技术研发实力强，顺利获得批复。从2008年获批到2011年揭牌，用了近3年的时间建设。

实验室重点在低氮氧化物燃烧，低投资、低成本、资源化烟气脱硫，高性能、低成本除尘，燃煤污染物一体化（联合）脱除，燃煤污染物监控技术5个方向上着力突破，同时研究燃煤污染物减排前瞻性技术。该实验室是燃煤污染物减排核心技术研发创新平台，按照燃煤发电产业发展不同阶段的需求，研发具有自主知识产权的核心技术和共性技术，并开展成果转化；同时也是技术转移扩散和人才培养基地,国际合作的窗口,产业政策和行业相关标准的研究机构。实验室致力于强化燃煤发电产业技术原始创新能力,有利于突破我国煤电工业进一步发展所受到的缺乏燃煤污染物减排核心技术的严重制约,缓解我国环境压力,提升产业核心竞争力。

2011年7月8日上午,燃煤污染物减排国家工程实验室揭牌仪式举行。78岁的秦裕琨,戴着厚厚的眼镜,在镜头前笑得一脸满足。

燃煤污染物减排国家工程实验室揭牌(右一为秦裕琨)

实验室投入使用后,"十三五"期间承接了很多国家级科研项目。平台的建立不仅促进哈工大的学科发展,还加强了产学研结合,跟韩国以及很多大型企业、研究院所的合作,都是通过这个平台来完成的。刘辉的感受是,申请这个国家级平台之后,显而易见地促进了研究所的各项发展,完成了从企业到研究部门到国内知名高校，整个力量的整合。特别是产学研用，整个链条都打通了。刘辉说："秦老师一直指引我们解决工程实际问题。有这么一个平台之后，我们和企业联合承担一些项目，更了解企业的实际技术的需求。"在马春元看来，事业平台确实更大了，山东大学的团队和哈工大的团队"两家成了一家，因为一个平台了嘛"。

秦裕琨在国家工程实验室指导学生

旋流煤粉燃烧技术

近年来，旋流燃烧技术在大容量机组锅炉中所占的比例越来越大。旋流燃烧器主要依靠二次风旋转，形成中心高温烟气回流来点燃煤粉。为了降低 NO_x 排放，采用炉内空气分级燃烧技术，约 40% 的二次风被用作燃尽风，燃烧器二次风旋转能力大幅削弱。

20世纪90年代末，秦裕琨曾开发了径向浓淡旋流煤粉燃烧器，并在一些电厂中应用，在稳定燃烧、降低氮氧化物等方面都起到了一些作用。但是，当时考虑到一次风是直流的，为了保证出口气流有足够大的回流区,就在一次风的出口中心设置了扩锥。然而问题是,这个扩锥处于高温位置,又有煤粉气流冲刷,在燃烧器起停时还会发生温度突变,扩锥维持不到一个大修期。

"为形成中心回流区满足稳燃的需要,当时的燃烧器一次风采用旋转方式或在一次通道内装设中心锥体,导致煤粉被分离到一次风管内壁区域。在炉内煤粉被强旋转二次风引射进入二次风区域,并很快向四周分离,形成了煤粉的外浓内淡分布,不利于控制NO_x的生成,更容易引起结渣和高温腐蚀。"李争起回忆说,团队曾经试验过多种金属和非金属材料,都未能解决问题。

既然如此,那就索性换个思路。秦裕琨带领李争起课题组通过多次实验发现,不在一次出风口设置扩锥也行得通,只要二次风有足够的旋流强度,也能卷吸一次风产生足够大的回流区,并且在燃烧烟煤、贫煤的锅炉上取得成功。为此,他们提出了将高浓度煤粉送入中心回流区的燃烧组织方式,发明了中心给粉旋流煤粉燃烧技术与装备,攻克了低NO_x排放、高煤粉燃烧效率、稳燃、防止结渣及高温腐蚀兼顾的煤粉燃烧技术难题。

随后,团队采用中心给粉旋流煤粉燃烧技术,对一台大容量高参数锅炉进行了低氮燃烧改造。这台燃烧器原本是引进国际上对旋流燃烧器最有经验的外企技术生产的,改造后在效率基本不变的前提下,氮氧化物排放大幅度降低,达到了当前的最好水平,不仅满足国家即将实施的严格的环保标准要求,还降低了采用昂贵的烟气脱硝技术费用。

2004年,李争起团队的技术得到机会在西柏坡电厂应用。西柏坡电厂应用之后,由于效果很好,申报获得了河北省科技进步三等奖。于是开始在邯郸热电厂、大坝电厂等得到陆续推广。

中心给粉旋流煤粉燃烧技术主要发明点在于:提出了将高浓度煤粉直接送入中心高温回流区中心的燃烧组织方式,发明无中心扩锥直流一次风旋流煤粉燃烧器结构,改变了传统旋流燃烧器一次风粉混合物呈外浓内淡的分布方式；针对旋流燃烧器难以形成中心回流区的问题，揭示了二次风率、旋流二次风叶片角度、扩口角度、长度及相对位置对流场的影响规律，提出了旋流内、外二次风的优化设计方法，发明了二次风扩口梯级布置的燃烧器结构，有效控制中心回流区的大小、位置及形状。

实践证明，与国内外同类技术相比，该技术在降低 NO_x 排放量 42%～65% 的同时，锅炉效率保持基本不变或略有提高，影响锅炉安全运行的结渣及高温腐蚀问题得到了根本性改善，并且成功应用在我国锅炉厂引进美国、英国、日本等国技术制造或日本等国制造的 32 台 600 兆瓦、500 兆瓦及 300 兆瓦等级机组（总装机容量为 16 200 兆瓦）锅炉上，其中 21 台为 600 兆瓦机组锅炉（12 台为超临界机组），满足了生产的重大需求，社会效益和经济效益显著。以岳光溪院士为主任委员的专家鉴定意见认为："此项技术成果理论上有重要创新，并实现了技术上的突破，达到国际先进水平，在燃用无烟煤及贫煤时达到了国际领先水平。"

秦裕琨参与、李争起负责的"高性能中心给粉旋流煤粉燃烧技术"项目获 2014 年度黑龙江省科技进步奖技术发明类一等奖。2016 年 1 月 8 日，中共中央、国务院隆重举行 2015 年度国家科学技术奖励大会，该技术又获得国家技术发明奖二等奖。

W 火焰锅炉多次引射分级燃烧技术

专为燃用低挥发分煤而设计的 W 火焰锅炉在我国的保有量占世界范围内装机容量的 80% 以上。在实际运行中，W 火焰锅炉不同程度上会出现下炉膛火焰严重偏斜、水冷壁壁温偏差大、氮氧化物排放浓度高(高达 1 200 ~ 1 600 毫克/立方米,折 6% 氧气)、煤粉燃尽差(飞灰可燃物质量分数为 8% ~ 15%)等问题,严重影响了 W 火焰锅炉运行的安全性、环保性和经济性。

从 2002 年起,李争起开始跑 W 火焰锅炉项目。

"几年也拿不到电厂一个应用项目,因为你开始做的时候电厂也不敢轻易用。万一电厂因此倒闭了,咱们也没有能力承担风险。电厂要求你这个技术万无一失,它又是硬骨头,别人啃都啃不动,我给你捣鼓两下就解决了,开玩笑,那是不可能的事情。"起步的时候是最难的,李争起只能带着团队,以蚂蚁啃骨头的方式往前推进,一点点做工作,用他的话来形容,"先探这条路试一下,不行咱改一点,哪里不行再改一点,还不能改多了。"有时候失败了,电厂找到李争起:"李老师你咋赔我?"李争起只能无奈苦笑,他们做项目,不但不挣钱,有时候还要承担给电厂赔偿损失的风险,"倒贴钱"!

李争起最怕别人问自己,你干 W 火焰锅炉好多年了,有什么进展?庆幸的是,在李争起迷茫和犹豫的时候,秦裕琨给了李争起最坚定的鼓励,他说:"这个确确实实是国家需要解决的问题。咱们咬住不松口,这么做是对的,应该这么干,我支持你们这么干。"

2005 年,李争起团队的技术在阳泉电厂得到了应用,并以此不断改造国外各种型式的 W 火焰锅炉。经改造后,在效率基本不变的情况下,很多锅炉产生的氮氧化物减少了一半。随后,在国家"863"计划、国家重点研发计划、国家自然科学基金等项目的资助下,李争起课题组通过产学研合作,深入研究了 W 火焰煤粉燃烧原理,提出了众多的创新方法,发明了多次引射 W 火焰煤粉燃烧技术与装备,攻克了低 NO_x 排放、高煤粉燃烧燃尽率、稳燃、防止结渣及壁温特性好兼顾的煤粉燃烧技术难题。

2009 年,团队提出 W 火焰多次引射分级燃烧技术的时候,正赶上哈尔滨锅炉厂所引进英国巴布科克的技术性能不达标,对方也没有办法解决相关问题。哈尔滨锅炉厂就和团队合作,将这项新技术应用到了新建的2台超临界600兆瓦机组锅炉,云南华电镇雄发电有限公司2号600兆瓦超临界机组W火焰锅炉是引进英国巴布科克技术制造的。秦裕琨带领团队采用直流多次引射分级技术进行改造后,炉膛负压波动小,火焰稳定性好,在满负荷状况下,过热蒸汽、再热蒸汽温度均能达到额定值,并满足出口蒸汽偏差要求,锅炉不发生因结

秦裕琨在哈三电厂60米标高处指导调试(600兆瓦锅炉前,热浪滚滚)(2006年)

渣、超温引起的安全问题。在燃用云南镇雄无烟煤时,在满负荷状况下,NOx 排放浓度由改前的 1 400 毫克/立方米 (φ_{O_2}=6%) 降低到 570 毫克/立方米 (φ_{O_2}=6%),下降了 59%。结合 SCR 尾部脱硝,锅炉实现了氮氧化物超低排放;飞灰可燃物含量由 8.0% 降低至 3.0%,炉渣可燃物含量由 10.0% 降低至 1.0%,发电煤耗降低 9.36 克/(千瓦时);锅炉最低不投油负荷为 48%。锅炉每年减少 NOx 排放量 7 876 吨,节约脱硝、燃煤费用 3 394 万元。

以岳光溪院士为主任委员的专家评价该技术的意见认为:"此项发明成果理论上有重要创新,并实现了技术上的突破,取得了显著的经济、社会及环境效益,在W火焰锅炉燃烧技术方面达到国际领先水平。"2010 年国家下发文件,开始抓雾霾,并且有了硬性的指标,之后这项技术更是得到了大面积的推广。如今已经用于

新建和改造采用国外不同技术流派的600兆瓦、300兆瓦等级机组锅炉共计24台，改造后锅炉氮氧化物排放降低42.4%～53.7%。应用该技术对采用美、英、法等国外技术生产的20台超临界600兆瓦、亚临界300兆瓦等级机组锅炉进行了改造。

2016年初，课题组的研究成果"改进的多次引射分级燃烧技术在600兆瓦超临界W火焰锅炉上的工业应用"作为亮点文章在环境领域国际著名期刊《环境科学与技术》(影响因子5.330)上刊出。该研究成果对于开发具有我国独立知识产权的W火焰锅炉燃烧技术具有十分重要的意义。[1]

为了尽快将研究成果服务应用于当前我国电厂开展的污染物超低排放工作，介绍给从事煤粉燃烧、燃烧污染物生成与防治领域研究与应用的科研、设计和工程技术人员等，李争起等人还撰写了专著《旋流及W火焰煤粉燃烧技术》，并获2018年度国家科学技术学术著作出版基金资助。秦裕琨审阅了该书。[2]

2021年9月8日，在黑龙江省科技创新暨奖励大会上，"W火焰锅炉多次引射分级燃烧技术"成果获得2020年度黑龙江省科技进步奖技术发明类一等奖。李争起作为获奖代表上台领奖，并发表获奖感言。回忆从最开始的困难重重，到后来逐步取得如今的成就，李争起表示："秦老师对我的影响非常大。无论是搞科研还是做事情，事情怎么做，怎么处理各种问题，秦老师给我树立了一个榜样。虽然遇到了许多困难，但是我们始终在一个正确的方向上前进，无论快慢，最终胜利到达了一个顶点。"

就这样，空气、煤粉立体分级直流煤粉燃烧技术，中心给粉旋流煤粉燃烧技术，W火焰多次引射分级燃烧技术基本覆盖了所

---

[1] 引自哈尔滨工业大学新闻网报道的《我校在W火焰锅炉燃烧技术研究方面取得新成果》（2016年2月28日）。

[2] 引自哈尔滨工业大学网站校内快讯报道《李争起教授等编写的专著获2018年度国家学术著作出版基金资助》（2018年11月27日）。

有的煤粉燃烧方式，它们基于共同的燃烧原理，并已取得良好效果，虽然还有待于进一步的推广完善，但已经初步形成有特色的煤粉燃烧技术体系。为此，秦裕琨动情地说："把这些工作都做实做好，我的任务就完成了。"

为子孙后代创造更好的生存环境

随着经济的高速发展，国家对环保工作越来越重视。如今，国家环保标准对氮氧化物排放的要求越来越严格，要求进一步发展燃烧技术，达到更高的技术水平，助力生态文明建设。

生态文明是人类社会进步的重大成果，是实现人与自然和谐共生的必然要求。党的十八大以来，以习近平同志为核心的党中央把生态文明建设摆在全局工作的突出位置，全面加强生态文明建设。他指出，生态环境保护和经济发展是辩证统一、相辅相成的，建设生态文明、推动绿色低碳循环发展，不仅可以满足人民日益增长的优美生态环境需要，而且可以推动实现更高质量、更有效率、更加公平、更可持续、更为安全的发展，走出一条生产发展、生活富裕、生态良好的文明发展道路。

对于普通百姓而言，科技创新所承载的不仅仅是国富民强的家国情怀，同时还在环境治理中扮演着越来越重要的角色，承载着人们对美好生活的希冀，更蓝的天、更清的水、更好的空气……在秦裕琨看来，科技的发展进步必须要为人类创造更加美好的生活而服务，要为国家和民族的长远发展着想，要为子孙后代创造更好的生存环境，不断满足人们对天蓝水清山秀美好生态环境的朴素追求。

80多岁的秦裕琨在家也没停止工作（2016年）

"中国的经济建设必须要注意能源消耗问题，不能因为发展而带来新的环境污染，只有最大限度地节能减排才能实现可持续发展。"在很多场合，秦裕琨都会大声疾呼，警示大家为经济发展付出巨大的环境代价得不偿失。2011年11月12日，在由工业和信息化部、河南省人民政府共同主办的第二届中国郑州产业转移系列对接活动中，秦裕琨于"对话中原——建设中原经济区院士行座谈会"上表示，希望采用新的技术，通过产学研合作，在经济发展的同时，能够保持天更蓝、水更清、山更秀，保持人宜居的环境。①

2015年4月8日，黑龙江省院士办一行4人拜访秦裕琨，问计哈尔滨市取暖燃煤锅炉的改造。秦裕琨针对哈尔滨雾霾治理提出了解决方案。哈尔滨的雾霾治理迫在眉睫，主要是燃煤锅炉的改造需要大量资金投入，用户单位难以承担，很大程度上制约了这些企业应用燃煤锅炉环保项目的积极性。围绕这个问题，秦裕琨团

---

① 引自工业和信息化部网站新闻《对话中原——建设中原经济区院士行座谈会举行》（2011年11月14日）。

队提出机制创新的建议，三方模式运作项目：采用"设备技术单位－用能单位－融资租赁公司"的方式，三方约定租赁期，用能单位每年环保节能的节省资金分期支付设备使用租金，

秦裕琨参加"高效清洁燃煤电站锅炉国家重点实验室"论证会（2016年）

从而解决百万级起步的环保资金来源问题。旨在提高资金在环保发展中的引领作用，降低减排成本负担，实现环境效益、经济效益和社会效益的共赢。

近年来，进入冬季供暖期后，黑吉辽三省增添了许多"霾愁"，多次遭遇"雾霾锁城"，部分城市高速封闭、航班大面积延误。环保部紧急发布通知，要求相关省(市)采取减排限行措施，尽最大可能减轻空气重污染的危害和影响。一时间东北各地工地停工、大车限行、中小学校园停止一切户外活动……

如何从"根"上整治雾霾"城市病"？对此，秦裕琨表示，对于北方城市而言，城市化进程加快让城市供暖面积增大，燃煤、机动车尾气、秸秆焚烧等污染物增加，最终超过城市的环境容量。针对小锅炉散煤污染、热企屡屡"犯规"等问题，他说："除继续加大综合执法力度外，政府应继续扩大集中供热范围，合理规划，将更多的落后锅炉拆并入网；另一方面也应增加补贴，鼓励微利运行的供热企业多上环保设施。"

应对燃煤污染，秦裕琨认为，需要政府主导加快能源结构调整。高效煤粉燃烧是目前解决环境污染问题经济可行的途径。伴随全国煤电行业节能减排升级改造步伐的全面铺开，火电改造技术路线也

愈加成熟。2015年11月24日,河北史境监测中心站发布神华国华三河电厂3号机组环保排放监测报告,标志着该厂4台机组达到燃气机组排放标准,全部完成改造并通过环保验收。自此,京津冀实现了首家燃煤电厂全厂"近零排放"。秦裕琨很早就在关注这一"国家煤电机组环保改造示范项目"。项目进展期间,他曾表示,相比新建机组的投产,对现役燃煤机组实施环保改造是一项投资巨大、规模巨大、难度巨大的工程。该项目从技术上看安全可行,经济投入也可以接受,改造后的污染物排放达到燃气机组排放标准,很有现实意义,使煤炭成为清洁能源不再是梦。

在国家大力开展大气污染治理的大背景下,煤电"近零排放"一直是备受争议的话题。秦裕琨一直认为,煤电行业开展"近零排放"值得大力推广。"近零排放"技术可以使燃煤电站做到同燃气电站一样清洁,其改造后的大气污染物排放值是生态环境可以接受的,燃煤电站完全可以摘掉大气污染大户的帽子。所以说煤炭本身不是问题,如何清洁燃烧和清洁利用才是要解决的问题。[①]

秦裕琨参加首届能源科学与技术国际高端论坛(2016年)

① http://hy.stock.cnfol.com/nengyuan/20151130/21869708.shtml

众花齐放助推绿色发展

近五年，在"蓝天保卫战""煤炭清洁利用及节能技术"等国家规划下，秦裕琨带领燃烧工程研究所，继续深化煤炭的清洁高效利用及污染物控制技术研究，通过"研—产—用"三个方面的延伸合作，形成了环保产业创新发展链条，助推经济绿色发展。除了旋流煤粉燃烧技术和W火焰锅炉多次引射分级燃烧技术项目，研究所百花齐放，不断向超低排放目标迈进，取得了显著成效。

超低排放，是指火电厂燃煤锅炉在发电运行、末端治理等过程中，采用多种污染物高效协同脱除集成系统技术，使其大气污染物排放浓度基本符合燃气机组排放限值，即烟尘、二氧化硫、氮氧化物（NO_x）排放浓度（基准含氧量6%）分别不超过5毫克/立方米、35毫克/立方米、50毫克/立方米。

我国北方地区供热大量采用层燃锅炉，针对层燃锅炉变负荷、多场不均带来的NO_x排放难于控制难题，秦裕琨指导高建民课题组发明了异相双循环层燃NO_x超低排放控制技术，使得NO_x排放优于清洁供热的排放标准，同时提高了效率且降低了运行费用，形成节能和环保的双重效益。中国机械工业联合会鉴定意见认为课题组"提出了基于调控燃料氮迁移途径和分区控制燃烧气氛的燃烧方法，发明了异相双循环层燃NO_x控制技术，达到国际领先水平"。该技术支撑了《工业锅炉系统能源利用效率指标及分级》（NB/T 47061—2017）等三项标准的制定，获2018年中国特种设备检验协会科学技术一等奖。

针对超（超）临界煤粉锅炉对炉膛热负荷分布均匀性要求高、大容量锅炉炉膛热偏差增加、炉膛角部热负荷低不利稳燃等问题，

秦裕琨（左三）在哈工大博物馆参加国际能源署与哈工大联合举办的《能源技术展望2017》中国发布会（2017年）

秦裕琨指导刘辉课题组发明了墙式切圆水平燃料分级燃烧技术，并获2017年度黑龙江省科技进步奖技术发明类一等奖。与国内外相关技术相比，该技术使得锅炉燃烧效率高、NO_x 排放低、煤种适应性好、低负荷能力强、不易发生结渣和高温腐蚀，已成功应用于燃用高水分褐煤、烟煤和贫煤的43台350～660兆瓦超（超）临界锅炉，出口9 360兆瓦；累计实现销售收入122.4亿元、利润8.27亿元；授权中国发明专利10项，其中一项发明同时获得俄罗斯、白俄罗斯、哈萨克斯坦、塞尔维亚、越南等国家授权。

传统煤炭作为燃料利用支撑了中国电力工业的发展，但随着能源低碳转型的需求，煤炭产业的转型升级成为必然。在传统煤炭高效清洁燃烧的研究基础上，2006年秦裕琨带领着研究所年轻一代教师开启了煤炭资源新的开发利用技术，研究内容包括：煤基环境功能材料，用于活性焦水气污染控制；煤基储能碳材料，开发煤基硬碳、软碳、石墨烯等，用于高密度储电、储气；煤基碳纤维材料，用作高强度轻质结构材料。

在秦裕琨的指导下，研究所青年骨干孙飞自读博期间就进行了以煤为原料制备环境功能材料、储能功能材料的新方向研究。目前，他们已经在煤基储能材料方向取得了较大进展：开发了以煤为原料、分级转化制备系列储能碳材料技术，其中以低阶煤为原料的多孔石墨烯材料制备技术，已于2018年完成公斤级实验室小试，大大降低了目前储能石墨烯基材料的制备成本，针对多孔石墨烯的密度、缺陷、无定型碳含量等指标的优化调控目前进入10~100公斤中试验证阶段；以此开发的高能量密度超级电容，在材料层面上的储能密度是目前商用超容碳的2~3倍，已完成了低温性能评测，发现其工作温度区间为–50~40℃，有望推动混合型超级电容直接作为供电电源用于寒地电动公交动力系统，目前正在推进超级电容单体及模组的开发。

在以煤炭为代表的传统能源形式面临挑战之时，氢能作为一种二次能源，具有零碳、高效、能源互联媒介（电、热、气之间转化的媒介，是在可预见的未来实现跨能源网络协同优化的唯一途径）和可储能（可再生能源电解水制氢）等特点，还有交通、工业、建筑等丰富的应用场景。煤炭与氢能的碰撞，开始启发秦裕琨团队思考：国家能源结构进行深刻变革之际，如何基于研究所在煤炭清洁利用方面的研究基础，前瞻布局新的研究方向？通过前期研究，他们发现：电解水制氢有望实现规模化制氢，但电耗过高，是限制该技术发展的瓶颈。通过含碳有机物辅助，可大大降低电解水制氢的电耗。

2020年9月22日，习近平总书记在第75届联合国大会一般性辩论上的讲话中指出，中国将提高国家自主贡献力度，采取更加有力的政策和措施，二氧化碳排放力争于2030年前达到峰值，努力争取2060年前实现碳中和。"电解水煤浆制氢要怎么考虑CO_2排放问题？""是否能用CO_2和H_2制甲醇？"双碳目标提出后，秦裕琨积极与团队成员探讨，如何助力这一战略目标的实现。

研究所青年教师周伟在秦裕琨、高继慧、赵广播等人的支持和指导下，和课题组成员一起，将碳中性的生物质引入电解水制氢体系，构建了一种新型的低能耗绿色制氢新体系，把研究内容定为电解水煤浆低能耗制氢技术、重质碳资源电催化及利用技术、生物质辅助电解水低能耗制氢三个方面。目前，作为新时期燃烧工程研究所"承前启后"的新方向之一，电解水煤浆制氢研究逐渐进入快车道，课题组在重质碳辅助电解水低能耗制氢技术，煤基多孔碳材料储氢技术，制氢、储氢及氢能基础设施技术等方面取得显著进展，并已将其适用性延拓至其他重质碳资源。

随着我国能源结构转型的要求越来越迫切，秦裕琨也在思考着团队如何多点发力，助推生态文明构建和美丽中国建设。鉴于天然气的利用在持续增加，他认为以天然气为代表的一次能源在未来的使用中将有较大发展。于是，秦裕琨鼓励和支持邱朋华等人逐步接触燃气燃烧技术，认识燃气轮机及其燃烧室，熟悉国内外燃气燃烧方向的科技进展和最新成果，了解燃气燃烧方向的产业发展动态。

"十一五"计划和"十二五"计划期间，我国科技界曾在科技部的主导下，开展整体煤气化联合循环技术的攻关。邱朋华作为年轻的科技人员，先后参与了煤制气显热回收项目和燃气轮机燃烧室项目的研究工作。2013年以后，邱朋华课题组以一个移动式微型燃气轮机燃烧室研制的子课题切入燃气轮机燃烧技术研究，2015年设计出了第一个属于哈工大的微型燃气轮机燃烧室，并投入了整理集成实验，2016年该项目顺利通过科技部组织的验收。这些工作积累都为他"十三五"以后转型开始从事燃气燃烧技术研究奠定了基础。

2015年，我国政府正式批准发展重型燃气轮机技术的国家重大科技发展计划。先进的气体燃烧技术是支撑重型燃气轮机发展的三大主要技术之一，课题组的气体燃烧基础研究和应用技术开发都以此为契机迎来一个新的春天。

秦裕琨在东方电气集团与大家交流电解水煤浆制氢方面的工作（2019年）

与此同时，他们开始了广泛的校内和国内外合作：与哈工大航天学院可调谐激光国家重点实验室共建燃烧和光学测量试验系统，与机电学院、应用数学系推进燃烧大数据处理方面的合作；与哈电集团中央研究院进行全预混表面式燃烧器的研制；与中铝集团、海尔集团、中海油集团等开展燃气燃烧技术和样机的研制；与英国纽卡斯尔大学和俄罗斯萨马拉大学推进氢微混燃烧高效高精度数值计算方面的研究；与中科院和清华大学等单位一起，拿到面向下一代重型燃气轮机燃烧室关键基础问题研究的课题……截至目前，在秦裕琨的指导下，邱朋华课题组在天然气微燃燃烧室、高温喷吹炉燃烧器、全预混表面式燃烧器、氧化铝焙烧炉低氮燃烧技术、煤制燃料气微混燃烧技术等方面取得显著进展。

值得一提的是，秦裕琨团队从哈尔滨锅炉厂建厂之初就与之开展合作，至今已有60多年。2016年6月，他带领科研团队首批进入"黑龙江省哈锅高效清洁燃煤电站锅炉院士工作站"，如今已在燃煤发电、生物质发电、垃圾发电等领域成功实现了大批国际领先水平的成果落地。

在哈锅院士工作站，秦裕琨院士团队有孙绍增教授、李争起教授、邱朋华教授、孙飞教授等66人，人均每年驻站时间达4个月。双方紧密合作，大大提高了科技成果的转化速率。

针对东北地区秸秆综合利用问题，院士工作站提出以秸秆类压块为燃料的燃煤锅炉耦合发电思路。借助燃煤锅炉发电效率高、污染物排放低的突出优势，使"小秸秆"变为"大能源"。由此哈锅承担了我国首个国家级燃煤耦合生物质气化发电技术示范项目——大唐长山项目的技术研发。

院士团队凭借强大的理论基础能力，通过大量理论计算及试验验证，攻克了高温燃气冷却系统等多项关键技术难题，并给出具体可行的方案，保证了项目的成功投运，为我国生物质能源的高效利用提供了范本。2021年，该技术创新及产业化荣获中国机械工业科学技术二等奖。

近年来，院士工作站自主研制的超超临界二次再热锅炉技术水平国际领先，攻克了高碱煤燃烧时极易结渣和沾污的世界性难题，研制的全燃新疆高碱煤高效超超临界锅炉，达到国际领先水平。

除了传统的燃烧和污染物控制之外，秦裕琨团队还有人拓展材料、碳基材料的开发。基本上所里有人有什么新的兴趣，他都支持，他最喜欢整个团队百花齐放，一起争鸣。如今，研究所主要研究领域涉及清洁能源利用、环境保护及污染控制、化工过程及控制等学科，传统和新兴学科的交叉、融合为本领域提供了极佳的发展前景。为推动高质量、绿色发展方式，在秦裕琨的指导下，研究所将主要科研方向定为洁净煤燃烧技术、烟气污染控制及监测技术、废弃物焚烧技术、生物质资源化利用技术、先进动力循环及系统技术、能源和化工原料融合的煤炭综合利用技术、燃料特性试验技术等领域。

第十二章

平生无悔育栋梁

种桃种李种春风

在哈工大,很长一段时间,提起能源学院燃烧工程研究所,师生们就会用"燃烧魂"来形容秦裕琨。从1953年来到哈工大,秦裕琨已扎根龙江近七十载,在教书育人、科研攻关中以自身的言行影响着身边的人。桃李不言,下自成蹊。有人曾经说:"秦老师是一面旗帜,是凝聚团结人、教育培养人、鼓舞带动人的一面旗帜。"

秦裕琨表达能力很好,讲话总是不疾不徐,侃侃而谈。但是在他学生们的印象中,他几乎从不摆老师的架子指导别人要如何,他不多说,做给你看。秦裕琨崇尚的教育理念是"熏陶"。

竺培国至今还记得,1993年时任主管教学副校长的秦裕琨和他一起去西安开全国教学工作会议。会议间隙,秦裕琨带他专门到西安交通大学拜访了自己当年的老师。1956年,交通大学数千名师生响应党和国家号召,背井离乡来到西安,扎根黄土地。这其中就有秦裕琨的老师和同学。竺培国看着年已60的秦裕琨,在面对自己老师的时候,"毕恭毕敬,行弟子之礼"。

"学校首要任务是培育人才。培育人才,知识是一方面,但道德素养更重要。要抓素质教育,造就人文大氛围。通过课外活动、老师的身教言传、学生工作、学校文化环境等,对学生进行潜移默化的素质熏陶。因为素质不是教出来的,而是熏陶出来的。"在秦裕琨看来,想要做一番事业,首先要学会做人。若是不会做人,那么事业、学问最终也不可能做好。做一个堂堂正正的人,这就涉及人生观、价值观、世界观的问题。只有学会了做人，才能做好事情，取得成就。

秦裕琨为学子做题为"做人做事做学问"的讲座（2006年）

范卫东1990年来到哈工大热能工程专业就读，后来硕士、博士都师从秦裕琨，如今在上海交通大学热能工程研究所工作。范卫东是一个特别勤奋的人，读书期间跟着秦裕琨和课题组的其他老师参加了很多项目，他的想法很简单，"多帮老师做一些课题，锻炼自己的能力，根据实验做工程设计，包括工程的一些计算，就是感觉到这个东西我学不到会很遗憾"。有一段时间，范卫东很羡慕做数据计算的人，于是跟秦裕琨提出来，自己能不能也做计算。秦裕琨很爽快地告诉他："没关系，你做。""就是干什么秦老师都特别支持。"范卫东说，"他从来不会说他提个想法，你就必须按照他给你指的这条路去做，他还是很尊重你的想法的。"

范卫东从秦裕琨身上学到的最重要的一点是，尊重学生和理解学生。在与秦裕琨近10年的师生相处中，他说："秦老师给我最大的感觉，就是指导我们的时候，他都是经过深思熟虑，提出一些好的创新想法让你去实现，不是说随便拍个脑袋。他经过仔细的思考，想让你去把它揭示出来，去做出来。对我来说也很愿意，也觉得很值得去按照秦老师的安排来做。他的每个研究生都是这样的感觉。"在范卫东心中，秦裕琨虽然是导师，但更像自己的家长、父辈一样，亲切、友善，用他那还带着上海口音的话语把一个想法、一件事情娓娓道来。范卫东当老师后，也像秦裕琨带自己一样带学生。"我在实验室带学生也是继承了秦老师这种学生培养方法和品质，我现在对学生也是这样。"他在指导学生的时候，也是提出想法，但不强求，即使达不到目标也没关系。"就像秦老师的态度，他以前没有说，你去研究这个浓缩器，必须产生很好的效果，这样学生做事情没有压力，反而很愿意去花力气把它做出来，这种动力是真实的。"范卫东如今是一位很受自己学生喜爱和尊重的老师，他的方法和品质传承自秦裕琨。

秦裕琨带的学生——原哈工大燃烧工程研究所所长吴少华说："秦老师是一位虚怀若谷、平等待人的宽厚长者；是一位'知之为知之，不知为不知'、严谨治学的老师；更是一位提携后进、甘为人梯的慈父。他淡泊名利，甘于奉献，以自己的心血，助力一批又一批有潜力的年轻人脱颖而出。他亲自参与并指导了很多重要实验，可是发表论文和科技成果时，他总是把自己的署名放在后面。团队之所以能取得累累科研硕果，发展到今天，与秦老师的人格魅力和指导思想是密不可分的。2000年秦老师荣获'九五'伯乐奖，我们团队同时也获得'九五'师资建设先进集体。"

作为德高望重的院士，秦裕琨有很多"资源优势"，但他从

秦裕琨参加孙飞的博士论文答辩现场（2017年）

未因私事找过学校，唯一一次破例还是为了学生。孙飞是秦裕琨2012年的博士研究生，在他的指导下博士期间开启了以煤为原料制备环境功能材料、储能功能材料的新研究方向。秦裕琨对孙飞的为人和能力高度认可。在孙飞博士毕业留校答辩时，秦裕琨为了替学校、替龙江挽留这个难得的人才，头一次给校领导打了电话，希望"关注一下"。2017年，孙飞以青年拔尖副教授身份留校，2020年底晋升青年拔尖教授。

2017年，刚刚迈入哈工大校门的杨潮伟，在新生见面会上第一次见到了被自己误认为同学的班主任孙飞。当时刚刚留校的孙飞，因为长相年轻，被很多学生误认为自己的同学。在孙飞给班里的同学们做了一场大一年度项目学习动员报告后，和很多同学一样，杨潮伟对科创燃起了"一探究竟"的兴趣。从大一第一次熬夜到凌晨两点解开项目难题后的兴奋，到大二开始组队参加一系列全国科创竞赛，再到进入课题组参与科研工作，杨潮伟已经习惯了班主任孙飞的陪伴。

无论是晚上，还是周末，杨潮伟遇到想不明白的问题时，总是能在办公室或实验室找到孙飞。"大二时备战全国大学生节能减排竞赛,我连续半个多月晚上都在实验室熬到后半夜。孙老师每天晚上都去看看我,走时总是留下一句话——我一直都在办公室。"

"陪伴是最好的教育。"这是孙飞自己成长过程中从导师高继慧和秦裕琨身上学到的。"老师当年怎么教导我,我今天就怎么教导学生。"在一代代燃烧人身上,传递的不仅是系统化的思维和科研的方法,更是一种教书育人的情怀。

搞科研的关键

"在科研上很关键的一点是,技术路线要正确。如果路线有错,那么必须马上矫正。"秦裕琨说,"在技术攻关开始后,会有很多新的想法,要一边干一边想,在实践中逐步完善丰富。科研工作不可能一帆风顺,但总的方面是围绕技术路线的。"这是秦裕琨给学生们的经验之谈。

高继慧把这总结为"坚持"二字。高继慧从1990年入学,跟着秦裕琨做下来"水平浓淡煤粉燃烧技术",他深有感触,"实际上这件事情一做就做了十几年,他2000年才得国家奖。从1987年到2000年,这么多年,就是咬定青山不放松。"高继慧观察到,秦裕琨的坚持有多执着,"哪怕是错了他都不轻易放弃,不能够绝对证明这事错了,那他就不会放弃。"高继慧打了一个比方,20世纪60年代,大家都投身各种运动之中,很少还有人好好干活,甚至好好干活有可能是过错的时候,秦裕琨依然坚守自己认为正确的理念,"当教师不教好书你干什么?他知道什么是本分,什么是正确的,他就好好教书,好好编教材。这个正确能穿越时空。"后来选择方向研究煤粉，因为他坚信这是对国家和社会有用的。"他能始终坚守这种正确。"高继慧说。

高继慧和孙飞选择做石墨烯方向，秦裕琨认为"这个东西好"，所以不遗余力地跟着推进，领着孙飞不断走访企业，不断交流座谈。"老先生重视这件事，他不是就说一句，说完就忘了，这不可能的。他一旦盯上就咬定青山不放松，这种坚持，我觉得很难得。"高继慧说。

在李争起看来，秦裕琨给他更多的是一种榜样的力量、精神的力量。在课题遇到困难的时候，他总会想起秦裕琨的身影。"我每次问自己，是我们干错了吗？我觉得我没错。秦老师就是这么干出来的，就是这么解决问题的，他不计较个人得失，最后评上院士，得到国家认可了。我们现在做，我觉得我们是相似的。"

"搞科研不能总到文献堆里去查、去复制，外国人搞什么我也跟着搞，这个没出息，要有自己的创新想法。"秦裕琨建议团队成员和学生们，自己认准了，就去干，不要老跟着别人的想法干。"不要害怕失败，哪怕失败了也要有再干的勇气和信心，干十件事，有一件成了，你就了不起。"

为什么创新那么难？在秦裕琨看来，缺乏资金是一个原因，但更重要的是缺乏勇气，没有信念。有成功就会有失败，要创新就要承担风险。在这种情况下，很多人不敢创新，他们怕失败。秦裕琨说，要想创新，就要敢于担风险、承担责任。他自己所做的课题，有时候也会面临失败的考验，资金、精力也损耗进去了。但是他并没有因此而气馁，反而愈挫愈奋，历苦弥坚。

李争起走上旋流和 W 火焰锅炉的科研之路，秦裕琨一直"保驾护航"，跟着出去开评审会，亲自把关技术方案。"因为现在改造一台（锅炉）一两千万，我带着这几个年轻老师也有压力，一旦改造失败了，那都是国外原装的东西，咱们上去给搞砸了，影响也不好，所以压力也是非常大。这压力往哪传递啊？我们请秦老师把

秦裕琨在实验室指导研究生做实验

关,亲自去到现场看情况。他还会在各种场合宣传我们的成果,院士推荐的技术,大家至少心里边感觉风险小不少。所以虽然秦老师不坐班了,但实际上还是战斗在第一线的。"李争起说。

在秦裕琨身体力行的影响下,团队始终保持着重视实践、敏于创新的好传统。同时,艰苦的环境磨炼了课题组成员的意志,奠定了吃苦耐劳的好传统,形成了"我应该为这个集体做事情"的共识,营造了"该谁干谁干,干就要干好"的团队氛围。

在一次"保持共产党员先进性教育"的教研室主题支部会议上发言时,秦裕琨曾经总结了团队经验:当大家团结在一起的时候,科研工作就非常顺利。当教研室的同事们散掉时,科研工作就非常困难。所以,要保持现在的势头,增强大家的凝聚力,就必须处理好一个问题,那就是如何处理好个人与集体、个人利益与国家利益的关系。一个人取得成绩时往往只看到自己的付出,而忽视了集体的作用,但我们也应该看到,别人取得成绩也需要付出同样的辛勤劳动,而且个人的一些成绩当中往往也包含着别人的劳动。特别是在一个集体、团队中，当自己忽视了别人，总以为自己流的汗水最多，贡献最大，而没有想到其他人也是奋战了几个通宵和不眠夜，那就很难取得成功。

"比如说搞科研，是学校给我提供的这些环境和条件。学校发给我工资，解决水电等问题，我才能安心研究、工作，而且有研究生来协助我，这些难道不都是哈工大提供给我的吗？没有学校，哪里会有我的研究成果呢？所以说，我做出的那些科研成果不仅属于我一个人，还有教研室的同事、学校的功劳，再大一点说还有全社会的贡献在里边。"秦裕琨认为，如果心里只有自己，看不到别人的劳动，任何事都斤斤计较，处处只看到自己，争来夺去，这个团队就慢慢散了。没有一个优秀的团队，一个人很难做出更大的成绩。秦裕琨曾多次感慨道："每个人都在为这个团队尽心尽力地工

秦裕琨在指导学生

作着，每个人都在主动地工作。这是我们研究所成长起来和持续发展的基石。"

在不断探索技术创新时，秦裕琨针对团队发展的长远规划，及时提出了近、中、远的目标和计划，更多地着眼于年轻人的发展。团队几乎所有的工作他都要亲自指导参与，参与比较重大课题的技术把关。随着团队的发展壮大，科研经费也越来越多，当时按照有关规定，是可以提成发奖金的，他却把钱投入到科研和教学上，每年为培养学生花费的调研、考察、实验等费用都达几十万元。

以一人之人格魅力形成团队的向心力，这大概是秦裕琨每个时期、做好每个角色的明显特点。按李争起的说法："我就把秦老师的精神向年轻老师一代一代传，跟他学，做人做事都学，做什么事情，按他的态度去做，至少是有成功的可能的。"

2021年10月19日，燃烧工程研究所正式更名为"碳中和能源技术研究所"，秦裕琨参加了揭牌仪式。这一天，燃烧工程教工党支部召开了"传承燃烧魂，开拓碳中和能源技术新方向，推动学科转型和人才培养"的党日活动。研究所将围绕国家重大战略需求，主动从传统研究领域转型，在"两机"重大专项、智慧能源、碳中和、碳达峰等领域开展更多研究和实践，继续为国家和地方创造经济效益与社会效益。

"老先生一直强调要做好储备性研究，同时将中国标准和中国教育推广出去。他还时常教育我们要有团队精神，当你取得了成绩时不要沾沾自喜，要想一下国家和集体为你做了什么，不要忘了别人的付出和努力。"高建民自2003年开始跟秦裕琨读博以来，主要从事燃烧和燃烧的污染物控制、温室气体的捕集和资源化等方面的研究。

刚过不惑之年的高建民作为新一代知识分子的中坚力量，时刻铭记哈工大"八百壮士"精神，以秦裕琨为榜样，身兼科研工作

碳中和能源技术研究所揭牌

和培养人才两项重任。2022年10月,黑龙江省科技厅发布2022年黑龙江省"揭榜挂帅"科技攻关项目榜单,高建民团队"吸附压缩二氧化碳储能关键技术研究与示范"中榜"碳达峰碳中和科技攻关专项榜单"。

学就学好,干就干好

"秦老师做了这么多,但对于名利他却很看得很淡,无论在工作上还是生活中,他从不争抢什么,只是坚持干好自己的事,坚守着自己的本分。"这是身边人对秦裕琨的共同评价。有学生问他,为什么会有这样豁达的心胸。秦裕琨说:"我始终认为'既学了,就要学好;既干了,就要干好',执着于每一个过程而不执迷于个人得失。最后，就一定会有所成就，而且该得到的也会得到。"由于秦裕琨的"熏陶"，"学就学好，干就干好"成了根植研究所每位成员的团队文化。

从2012年来到研究所读硕士到2018年博士毕业留校任教，年轻的冯冬冬深受秦裕琨常说的"学就学好，干就干好"这句话的影响。回忆起读书时与秦裕琨院士几次共同出差参加学术会议的经历，冯冬冬依然心潮澎湃。"我和妻子毕业后选择留在所里，因为这里是培养我们的地方，也是我们发挥专业所长的最佳平台。我们也想成为像老师们一样的人。"作为哈工大"八百壮士"精神宣讲团成员，冯冬冬结合亲身感受，为全校各学院学生做过多场报告，为青年学子讲述自己眼中的秦裕琨。

冯冬冬为学生讲述自己眼中的秦裕琨

秦裕琨退休之后，在研究所党支部、能源学院，在哈工大校园等等各种场合，不分大小，时常有讲座。有人问高继慧，怎么又是秦老师来讲？高继慧想了一下，说："老先生最可贵的就是他从不拒绝，只要他时间精力允许，你请他，他就去。"

有一次高继慧到秦裕琨家，听说他腿疼了有一段时间。一问才知，之前一次讲座上，八十来岁的秦裕琨从头到尾站着讲了两个小时。高继慧劝他："您这么大年纪了，类似的讲座就推掉算了。"

秦裕琨一脸正色，说："作为老师，学生的事不能推。"高继慧很感慨："这些事不会成为他拒绝的理由。不管多大的场合，不管多长时间，不管多难。这就是一个人教书育人的本分，就是作为教师的本分。"秦裕琨说："学就学好，干就干好。敬业绝不能拘泥于形式，而应该是一种生活态度。"

年轻的时候，秦裕琨熬夜备课；中年时，一边做行政领导，一边不放弃科研；如今虽年事已高，只要有学生找他，他有求必应。高继慧认为，这是秦裕琨身上最可贵的品质。"学习这个人，他知道何为本分，何为正确，然后用一生去做。这是老先生身上光辉灿烂的地方，我觉得堪为典范。每一个工作者都能这么做，从工作中寻找快乐，寻找骄傲，寻找自豪。这使他能做好任何一件他干的事。"

受秦裕琨的影响，高继慧在工作中也时刻谨记自己作为教师的"本分"。他自2009年以来，指导学生获"全国大学生节能减排社会实践与科技竞赛"等国家、国际级科技竞赛奖励60余项；2010年以来，为本科生新开创新创业类课程6门，其中有4门被学校立项为重点建设课程；2012年以来，带领本科生进行200多次创新研讨，利用寒暑假义务为学生开设13期创新研讨班；连续十年被评为哈工大学生创新实践活动优秀指导教师；2016年被评为全国高等学校创业教育先进个人；2019年被授予黑龙江省模范教师称号。

在一次面向学生讲座的互动提问环节中，有青年学子问："一个人应该成为全才还是专才？"秦裕琨脱口而出，没人可以做好所有的事，但做一件事就要做好。他又进一步解释说："学什么专业并不重要，因为你不知道以后要干什么，你们会有很多机会，只要你有能力，你的机会就会很多，可以做好多事情。说实在的，我干的根本就不是我当年所学的，我们现在的技术当年还没有呢。所以学知识是一方面，更重要的是学能力，而学能力也只有通过学

秦裕琨做客"90周年校庆·90名家讲坛"为学生做讲座后接受学生赠送的书法（2010年）

习才能学会，就好像学游泳，你不下水就永远不会游泳。你要想学游泳，先学蛙泳或先学自由泳不重要，先学会一样，第二样就快了。你哪一样都不会，在岸上比画，怎么比画也不行。学习也是这样，你先学了什么不重要，把课程学好了，知道怎么学习了。学会这个再学别的，你就有办法，能力就有了。"

秦裕琨在跟年轻人聊天时，最常挂在嘴上的嘱托就是："学就学好，干就干好！"执着于每一个过程而不执迷于个人得失。对于年轻人的发展，秦裕琨主张"风物长宜放眼量"。他常常跟学生们说："你们年轻人有很好的条件、机遇，不要过多地抱怨，更多的还是自己抱着目标，有个坚定的信念，坚强地走下去，就一定会有所成！"当大家问到怎样做到如此坦然地面对过去的一切苦难时，秦裕琨用4个字简短有力地回答："问心无愧。"

2016年春季学期开学前夕,《哈工大报》编辑部策划了"新学期新期待"活动,邀请部分师生在新学期写下自己的愿望和期许。秦裕琨在办公室写下"学就学好,干就干好"这8个大字,与全校师生共勉。2018年10月,他又写下"学就学好,干就干好;有所为,无所求",赠给新入学的学生们。

全国师德标兵的爱与期待

2006年,在三尺讲台上耕耘了半个多世纪的人民教师秦裕琨,这位被学生深深爱戴、被大家尊称为"秦老""老先生"的好老师,被评为全国师德标兵。

这一年9月7日,他以"理想·方法·成功"为题向同学们生动讲述了怎样成就理想,怎样达到人生目标,如何摆正个人与他

秦裕琨的人生格言"学就学好,干就干好"

人、与集体的关系等问题。秦裕琨用自己的亲身经历,讲述了祖国的荣辱、兴衰与我们每个人的关系,同时希望同学们能够了解历史,以史为鉴,为了国家的强盛努力学习。

高继慧认为,秦裕琨对青年学子总是不厌其烦谆谆教导,是因为他有强烈的家国使命感。"老先生一次一次的报告,他会反复地去讲,日本人那个时候是怎么样,国民党那时候是怎么样,新中国成立以后是怎么样。他对国家的这种爱是发自内心的。你让他讲一百次,他就讲一百次,你让他讲一千次,他就会讲一千次,他会把这些东西不断地告诉大家。"

这种家国情怀,促使秦裕琨在看问题的时候,首先关注国家需求。如今他的生活习惯依然是到晚上10点半,看完晚间新闻后再洗漱睡觉。"我觉得这份情怀,是老先生身上乃至于这一代人身上最宝贵的东西。尤其对今天生活在和平时代里的人,更是弥足珍贵。"高继慧说。

2003年,秦裕琨在西安参加全国高校热能工程专业本科生教学工作会议时,了解到当时有学校的学生学习热情不高,有相当一部分学生逃课、缺课、迷恋网络、荒废学业,他感到非常痛心。回到学校后,秦裕琨主动要求为2003级新生做了多场专业启蒙报告。不仅如此,

秦裕琨获得全国师德标兵

他还特意委托能源学院学工办安排了一场与本科生之间的座谈,结合自身经历,深入浅出地讲解如何树立正确的人生观、价值观。

秦裕琨的讲座都非常"接地气",从来不说空话、大话。他心里装着学生,每次讲也都能说到学生心坎里,让学生在聆听故事中受到教育。有一次他跟同学们说:"不论你愿意与否,你的命运总是和社会相连,一定要回报社会。当然信念不同,做法也就不一样。有个大数学家叫陈景润,他说数学好玩,他有兴趣;我的一个哥哥也是搞数学的,早就退休了,夏天到威海避暑,但是他不玩,在那里写书,不但没稿费还要交版面费,然而这就是他的信念、他的兴趣。所以有人问什么是幸福,一定是要高物质生活吗?不是,要有信念追求,有了追求,人活得就很健康,很幸福。所以说人没有信念是坚持不下去的,必须要有信念……"

2008年的一次讲座中,秦裕琨又结合自身经历,苦口婆心地跟同学们强调:"大学期间的学习,不要总是琢磨这门课将来有没有用啊,这个专业好不好啊;到了工作岗位后也不能又抱怨这个工作待遇太低,那个发展前景不好。干了就要好好干,只有这样才

秦裕琨给学生做讲座

能长学问、长知识。很多知识你现在不能预见其用途，比如初学的高等数学，有些同学在课下讨论：这门课将来有什么用啊？说实话我上学的时候也不知道，但后来在工作中用到了才觉得幸亏当时学了。所以很多时候不见得先知道有什么用然后才去学，书到用时方恨少。"

2014年5月10日，秦裕琨又一次应邀与哈工大的大一新生共话社会主义核心价值观。他从中日甲午战争和中东铁路修建历史说起，谈到了中国人民在日俄铁蹄下所受的屈辱。他还结合自己的所见所闻，诉说了日本侵华时期的恶行和租界内百姓生活的痛苦。随后，他又重点讲述了哈工大曲折而辉煌的发展史和自己求学、教学、做科研的经历。他说，今天的中国，已不再是曾经任人宰割的中国。而这一切的变化都源自一代代热血的中国人心中不灭的强国梦。

"爱国不是说大话空话，而是实实在在地做事。爱国情怀是时刻激励我们一路前行的勇气与动力源泉。"秦裕琨以邓稼先为例，表示邓稼先在当时那个时代做出的贡献比获得诺贝尔奖更伟大。他还表示："奖项并不是最重要的，能为国家做出贡献，急国家之所急，才是最重要的。"

"听着秦老细细诉说着学校的历史，我能体会到，平缓的语调中漾开了他心底对哈工大、对祖国的款款深情和无限热爱；听着秦老谈起他的个人经历，我听出了其中的坎坷与艰辛，却听不出一丝的抱怨与哀伤，仿佛只是在讲述一段平凡的往事，不求有轰轰烈烈的故事情节，只愿回首时能看到身后留下一个个坚实的脚印。"这是听这场讲座的学子们的心声。

2019年5月，哈工大"八百壮士"荣获"感动哈尔滨"年度群体称号。很多媒体评价说，近70年过去，"八百壮士"或已离去，或已耄耋，他们身上闪耀的"心有大我，至诚报国"的精神，激励着一代代后来人始终以国家需求为己任，书写着知识分子爱国

秦裕琨在能源学院节能楼看到自己的事迹展览（2017年）

奋斗、建功立业的时代答卷。秦裕琨作为哈工大"八百壮士"的代表，站在了颁奖典礼的舞台。

  这一年的10月31日，在给哈工大（威海）学子做讲座时，秦裕琨把报告题目定为"小我融入大我，一生献给祖国"，用这句话为自己的强国梦做了概括。秦裕琨深情地说，学校命运和个人命运可以看作是国家命运的缩影："无论愿意不愿意，你的命运都是和国家联系在一起的。你们可能无法理解国家命运对个人来说多么重要，你们觉得天经地义，一生下来就应该是国家和社会对你负责，你想做什么就做什么，其实不那么简单，在新中国成立前，这是不可能的。只有国家强大了，个人的生活和梦想才有保障。"

  "有国才有家，国家富强，我等幸福；国家有难，我亦受辱。个人命运永远和国家前途紧密相连，只有国家强盛，我们才不会受欺凌。"为了把党史学习教育和能源学科发展史相互融合，2021年6月1日上午，88岁高龄的秦裕琨专门为能源学院的莘莘学子进行了"能源学科发展史"为主题的讲座，助力他们做到学史明理、学史增信、学史崇德、学史力行。讲座最后，秦裕琨说："强国梦在我们这一辈人只实现了一半，中国不受欺负了；可要成为真正意义上的强国，另一半还需要你们来实现。你们这一代学生20来岁，到新中国成立100年时，你们50来岁，正是干事业的年纪。中华民族的伟大复兴就是要在你们手上实现。你们一定要有坚定的信念和优秀的品格，相信我们的党、我们的国家是大有希望的！"

有所为，无所求

2022年元旦，秦裕琨与许映珍结婚60周年。一个甲子的相伴相随，秦裕琨和许映珍共同经历了国家和个人的各种风浪。随着秦裕琨取得越来越多的成就，获得越来越多的荣誉，秦裕琨听到一些背后的议论，觉得许映珍嫁给院士"捡了个大便宜"。秦裕琨很为自己的老伴抱不平："别看她现在日子过得不错，其实我们能到今天，她也有功劳，我们是共患难的。"为了感谢许映珍的付出，2012年时，秦裕琨特意为许映珍举办了一个"金婚"仪式。许映珍跟着秦裕琨，吃了不少苦。20世纪60年代，秦裕琨工资停发那一段时间，家里生活困难，许映珍把自己父亲给的一对戒指卖掉换钱供家里开销。

在哈工大，秦裕琨是出了名的"有所为，无所求"。无论什么事情，他都随和、不争，即便涉及切身利益，只要别人有困难找他商量，秦裕琨基本上都会退让。他们一家四口从四公寓搬出来，告别住了20多年的18平方米筒子楼时已经是1981年了。这期间，秦裕琨本来也有机会提前搬到条件好的新居里去，但他却在家人的支持下让出新房。第一次是1979年，当时系里一位老师因身体不太好,跟他商量,想要先住他新分的家属房。秦裕琨二话没说就同意了。事后,有人问他当时怎么想的,他说:"我住筒子楼快20年了,再住几年又算什么呢!"

秦裕琨总是和儿子秦明、秦江讲,为人应该宽厚礼让,不要跟别人斤斤计较。他常常说,吃亏是福。也的确如此。终于再次分房,秦裕琨拿到钥匙,打开门一看,比原定的多了一间屋,两室变成了三室。他二话不说就收起钥匙去房产处要求调房,后来得知多的一间是因为隔壁回迁户的面积少,学校给隔出来了。当时分房时学校按照设计图纸进行统一分配,就没有算到这一间,现在已经分完也没法再调整了。秦裕琨一直为他人着想,这次就是"好人有好报"的时候了。

1994年的一天,姜秀民到秦裕琨家里找他。那是他第一次去老师家,进门一看,觉得"好寒酸",姜秀民很纳闷:"秦老师不是副校长吗?怎么还不如我(当时是副教授)的住房条件。"里面没有一件像样的家具,只有简简单单的床和桌子。"他对这个东西不在意。"姜秀民说,在课题组也都是一人一个小桌子,上面摆的全是书。

对于自己的生活,秦裕琨从来就是"能省则省",绝不铺张浪费,过得非常俭朴。常和秦裕琨接触的人都知道,他一件几十元的夹克衫,一穿就是十几年;眼镜也是不知道戴了多少年的旧眼镜;冬天的时候还有一顶戴了很多年的,也不知道是什么皮的皮帽子……随着社会的发展,生活条件渐渐改善了,但是秦裕琨一直保持着艰苦朴素的本色。如果不是老伴儿想着给他买一件新衣服、一双新鞋,他就会一直穿下去、用下去,一点儿都不在意。儿子结婚时,同事、弟子们前去贺喜表达一点心意。事后,秦裕琨又把礼金都如数退还回来。

平时吃饭,秦裕琨也没有什么讲究,白菜、豆腐就已经足够。每年端午节,秦裕琨家里都自己包粽子。吃的时候,剥下来的粽子

第十二章 平生无悔育栋梁

秦裕琨夫妇

秦裕琨与许映珍在家中（2018年）

皮上难免会粘着一些米粒，每次秦裕琨都是用筷子夹着吃完，一粒不剩。有一回，大儿子秦明对他说，上面也没有几粒米，您何必吃得这么仔细呢！秦裕琨一笑说，粒粒皆辛苦啊！种庄稼不容易，节约粮食既是一个好习惯，也是对农民们的尊重。受秦裕琨的影响，久而久之，秦家小辈人也在日常生活中形成了优良的作风。

平日里，秦裕琨做事也往往从别人的立场和角度出发，凡事总是先替别人考虑，就连在家里也是如此。平时在家里许映珍做饭，有时候咸了淡了的，秦明、秦江会说不好吃。秦裕琨总是说好吃，并对他俩讲，你们这么说不对，妈妈辛辛苦苦给你们做的饭怎么能说不好吃呢？无论如何，都要尊重别人的劳动。秦裕琨的厨艺非常好，他有两个拿手菜——狮子头和沙拉，比一般饭店做得还好。

在别人需要帮助的时候，秦裕琨却是"一掷千金"。教研室一位老师病重，需要钱，他出面为这位老师筹措了1万元；一位学生做手术暂时没有钱,他马上借给学生2万元……在科研事业上,秦裕琨更是不惜重金,为学生们考察、调研慷慨解囊。作为学校"九五""伯乐"奖得主,他一贯强调教师要甘为人梯,在科研基地建设和课题经费上给年轻人大力支持。

在秦明心中,父亲秦裕琨性格一直都很平和,很少见到他真为什么事较劲、生气。有一次,秦裕琨的一位同事找到家里,因为自己评职称以及出国的事情不顺利来跟秦裕琨谈心。这位同事情绪激动的时候,把秦裕琨家里的沙发背拍塌了。因为工作不顺心来找秦裕琨的,偶有语言冲突,许映珍就忍不住想上去维护一下,但每次都被秦裕琨给拽过来。"我觉得这种态度不是说谁怕谁,就是一种心里的平静和安稳,他是问心无愧的。"秦明说。

秦裕琨如今的生活很有规律。早上7点左右起床,晚上10点半看完晚间新闻后睡觉。日常活动很多,学校和学院有事,他"招之即来"。他还经常出差、开会,跟同行交流,做力所能及的社会工作。

秦裕琨参加公益活动

秦裕琨在家工作（2018年）

秦裕琨为安天科技集团做讲座（2021年）

自从2015年担任哈尔滨市老科协专家委员会副主任委员之后,秦裕琨积极参与其中。2016年他组织策划并主持了第一届哈尔滨老科技工作者学术与科技成果交流大会和工业信息专场交流会。2018年作为市老科协专家委员会主任委员,他又主持了第三届哈尔滨市老科技工作者学术与科技成果交流会。他还获评2017年度中国老科学技术工作者协会突出贡献奖、2021年哈尔滨市"老科技工作者之星"。

现哈工大能源学院院长高建民的手机里,有一张珍藏的照片。照片是2020年6月他陪同秦裕琨到北京出差时在中国科技会堂拍的。因为疫情,高建民此前已经几个月没有见到"老先生"。6月7日,在哈工大纪念建校百年大会现场,高建民见到"老先生",得知87岁的秦裕琨3天后要到北京参加项目鉴定会,立即决定放下手头的工作,陪同他一起赴京。"我们10号到北京,12号参加完会议,北京的疫情再次加重,我和'老先生'回到哈尔滨时被隔离了14天。"提起这件事,高建民不禁动容:"其实去之前,北京的疫情一直不太稳定,但'老先生'坚持要去。我知道,他是不

秦裕琨在北京参加学术会议(2020年)

想错过中国科协组织的专家会议,因为行内的院士、专家在一起,讨论的都是最前沿的方向性问题。"秦裕琨喜欢开会,因为开会能得到新的东西,会上同行之间相互提问题、提建议,而等看到论文发表的时候,就已经晚了。

"吃着碗里的,看着盆里的,想着锅里的。"这是秦裕琨常对后辈们说的一句话。朴实的语言背后,蕴藏着一位秉承"国家的需要就是我的专业"的红色科学家始终以国家需求为己任的家国情怀及对于学科发展的战略眼光。虽已是耄耋高龄,他始终放不下的就是对学科方向的把脉和调整,总是瞄着前沿,去拓展服务国家能源发展重大需求的新方向、新领域。

秦裕琨和妻子许映珍在高邮老祖宗秦观像前留影(2018年)

在秦裕琨身上,所谓的科研、教学、产业化都是可计算可衡量的东西,他的精神和想法、做事的方式,才是真正的无价之宝,真正的传承之物。他也常说,希望自己可以再多投入一些、多干几年,助力团队的路越走越好、国家的事业也越来越兴旺。

黑龙江省最高科学技术奖证书

2021年12月20日,2021年度黑龙江省科学技术奖揭晓,秦裕琨院士荣获最高科学技术奖。当时的颁奖词和后续的新闻报道是这么写的——

秦裕琨院士是我国热能工程领域的先行者与奠基人,始终服务于我国以煤为主的能源体系,长期从事煤炭高效清洁利用方面的技术和工程研究,主持完成多项国家级和省级煤炭先进燃烧技术项目,发明了大型燃煤电站系列"风包粉"浓淡煤粉燃烧技术及装备、安全低污染物煤粉燃烧技术及装备等,技术成果达到国际领先水平,为国家煤炭安全、高效、清洁利用做出突出贡献。近年来,秦裕琨院士面向新时代煤炭资源的开发利用,引领青年教师开拓新方向,有效助力龙江经济与科技发展。根据《黑龙江省科学技术奖励办法》规定,经黑龙江省人民政府批准,决定授予秦裕琨院士2021年度黑龙江省最高科学技术奖。

参考文献

[1]哈尔滨工业大学党委宣传部/教师工作部.初心的力量——哈工大"八百壮士"事迹选编[M].哈尔滨:哈尔滨工业大学出版社,2019.

[2]周士元.李昌传[M].哈尔滨:哈尔滨工业大学出版社,2009.

[3]哈尔滨工业大学校报.漫游中国大学[M].重庆:重庆大学出版社,2008.

[4]马洪舒.哈尔滨工业大学校史[M].哈尔滨:哈尔滨工业大学出版社,2000.

[5]闫明星.哈尔滨工业大学校史(征求意见稿)[M].哈尔滨:哈尔滨工业大学出版社,2020.

[6]吴建琪.传统与特色[M].哈尔滨:哈尔滨工业大学出版社,2006.

[7]秦裕琨.中国工程院院士自述[M].北京:高等教育出版社,2008.

[8]吉星,张蕊,任红禧.激情"燃烧"的人生——记中国工程院院士秦裕琨[J].党的生活(黑龙江),2019(03):38-40.

[9]陈喜辉.普罗米修斯的事业——记中国工程院院士、哈尔滨工业大学教授秦裕琨[J].学理论,2004(02):26-27.

附　录

院士小传——矢志工业化　一生强国梦

秦裕琨，1933年生，中共党员、中国工程院院士、哈尔滨工业大学教授、博士生导师，1954年创建新中国第一个锅炉制造专业，既是我国热能工程领域的先行者与奠基人之一，也是一直"扎根东北、爱国奉献、艰苦创业"的人民教师，还是不断"改革创新、奋发作为、追求卓越"的教育专家。他始终围绕国家重大战略需求，服务于我国以煤为主的能源体系，长期从事煤炭高效清洁利用方面的技术和工程研究，主持完成多项国家级和省级煤炭先进燃烧技术项目，发明了大型燃煤电站系列"风包粉"浓淡煤粉燃烧技术及装备、安全低污染物煤粉燃烧技术及装备等，技术成果达到国际领先水平，为国家煤炭安全、高效、清洁利用做出突出贡献。

习近平总书记在给哈尔滨工业大学建校百年的贺信里，高度评价哈工大"打造了一大批国之重器"。实事求是地讲，这其中也少不了秦裕琨的成就和贡献——在煤炭安全、高效、清洁燃烧领域形成了世界领先的技术流派。可当大家谈到这些时，他却语重心长地说："一个人看到自己的贡献并不难，看到别人干的却不容易，但更应该看到的是，我之所以干成这些事，党、国家和集体付出了多少！"

已经89岁的老党员秦裕琨，至今仍未完全进入退休状态。面向新时代煤炭资源的开发利用，他还在指导引领团队开拓科研新方向，参加博士生答辩，到各地参加学术会议，为年轻学子做报告……

了解他的人都说，秦裕琨院士是一团熊熊燃烧的烈火，始终把党和人民的利益放在首位；他燃烧了自己的青春，为祖国能源工业照亮前进的道路，为后辈能源人带来温暖与能量……

"只要党和国家需要，没说的"

秦裕琨生于1933年，从小在上海法租界长大，经历了"身处中国的土地却与外国人不平等"和"国民党接收上海之后的腐败"。那时候政府无能、时局动荡、民生寥落，正是国歌里所唱的"中华民族到了最危险的时候"。他扬州的大伯就是在街上行走时突然被日本人抓走，此后一生杳无音信。国恨家仇激发了他的爱国情怀，让他"从小就有个强国梦"。

"国家,国家,没有国哪有家？国家富强,我等幸福；国家有难,我亦受辱。个人命运永远和国家前途紧密相连,只有国家强盛,我们才不会受欺凌。这个观念在我们这一代人心中有着非常深的烙印。"

上海解放时，秦裕琨正在读高二，物价的稳定和社会风气的好转等让包括秦裕琨一家人在内的中国人看到一个崭新的政权——中国真正有了希望。

新中国成立之初，百废待兴，中国共产党将实现工业化作为当务之急。秦裕琨也深知，"没有工业，便没有巩固的国防，便没有人民的福利，便没有国家的富强"，因此"工业强国"成为他的不二选择。1950年，秦裕琨考取交通大学机械制造系，从此与祖国的工业现代化建设紧密联系在一起。

1953年，新中国第一个"五年计划"开始实施，科技人才紧缺，秦裕琨和同学们提前一年大学毕业。当时，东北地区是中国重工业的集中地。哈尔滨工业大学是全国学习苏联高等教育办学模式的唯一一所工科样板大学，是新中国工业化进程中不可或缺的一环。面临工作分配，秦裕琨想申请去东北，去党和国家最需要的地方。当时一批又一批热血青年都像他那样，怀着相同的信念做出了相同的选择。在家人的支持下，秦裕琨被分配到哈工大做师资研究生，开启"国内留苏"的求学之旅。

秦裕琨从上海一路向北，乘火车4天5夜来到哈尔滨。他至今仍记得当年坐的第一辆"校车"——马拉平板车接站时的新奇场景。作为一个生活富足的南方人，来哈工大之前，窝窝头他没见过，高粱米他没吃过，30多人挤在一起的宿舍他没住过，零下三四十度的严寒他没经历过……面对种种艰辛，他不仅没有怨言，反而兴奋地投身到如火如荼的建设之中。

来哈工大，秦裕琨原本要学机械设计，然而计划赶不上变化，上完一年俄语预科后，学校决定抽调他跟随新来的苏联专家马克西莫夫学习，同时创办新中国第一个锅炉专业。原来1954年6月，哈尔滨"三大动力"之一的锅炉厂破土动工，这是新中国第一个现代化电站锅炉研发与制造基地，急需专业人才。

"只要党和国家需要，没说的！""我没有专业，党和国家的需要就是我的专业。"尽管改了行，但21岁的秦裕琨斗志未减，他知道工业化离不开燃烧、离不开锅炉，于是高高兴兴地一边学习，一边建设专业。

随着招生规模的不断扩大，哈工大急需壮大教师队伍。1955年春季学期，秦裕琨正式成为"小教师"，开始奋斗在教书育人的最前线。以秦裕琨等人为代表的800多人组成的青年教师队伍，就是日后声名显赫的哈工大"八百壮士"。他们是新中国成立以来广大许党报国知识分子特别是科技知识分子的一个缩影，不仅造就了哈工大"工程师摇篮"的美誉，也为全国高等教育界创设了一批新兴学科，解决了国家早期工业化建设的"燃眉之急"。

秦裕琨为本科生和相关专业的研究生讲授"锅炉与锅炉房"

课程时，自己还在学习过程中。他总担心学不好，讲不明白。压力虽大，但干劲十足，为了丰富教学内容，他每天熬夜看俄文原版教材、整理专家笔记、准备教学讲义……没有正规教材，他就"自力更生"投入巨大精力去撰写。20世纪60年代初，国家抓教材建设，他的这本《蒸汽锅炉的燃料、燃烧理论及设备》被选中并于1963年正式出版，成为锅炉专业第一部国家统编教材。这一年，秦裕琨30岁。

"学就学好，干就干好"。秉承着这一理念，从小熟悉中华优秀传统文化的秦裕琨在马克思主义的指导下，将教学科研和理论研究紧密结合，不断走在学科前列。后来，他相继出版的5部著作，大都也是燃烧领域的开山之作。通过著书立说，秦裕琨不仅及时把握国内外科研动态，还真切地做到了理论联系实际，为人才培养、科学研究、服务社会打下坚实基础。

"科研成果必须要经得起实践检验"

20世纪六七十年代，高校实行"开门办学"，要求学习紧密结合实践，教育结合生产劳动。闲不住的秦裕琨经常为一些有问题的锅炉"把脉治疗"，因为他勤于钻研、不怕风险、胆子大、"总捅咕"，大家给他起了个形象的外号——"秦总统"。

"光在屋里闭门造车不行，所有科研成果必须要经得起实践检验。"1974年春天，"秦总统"接受了一项特殊任务——对黑龙江省"革委会"的蒸汽锅炉房进行改造。

20世纪中后期，我国北方冬天室内普遍采用蒸汽采暖——水加热变成水蒸气后进入系统，成为老百姓常说的"暖气"。这种方式热得快，凉得也快，效率较低。秦裕琨的改造方案选用了更节能、更舒适的热水采暖。

当时，世界范围内的热水锅炉普遍都采用强制循环，需要用水泵不断把水加入锅炉，水加热后进入暖气循环系统为室内供暖，但这种方式有个致命的安全隐患——一旦停电，水泵不能正常工作，锅炉无法立刻降温，热水将急剧汽化产生水击，面临结垢后无法检查和处理等问题，从而严重影响锅炉的安全运行，甚至会引发爆炸事故。针对电力供应很不稳定这一实际问题，强制循环热水锅炉存在的弊端成为秦裕琨亟须解决的科研难题。

改造工作时间紧，任务重，工期既不能提前，也不能拖后，必须在两个采暖期的间隙完成。一旦改造失败或者出现事故，影响采暖，那"秦总统"可就真"捅出娄子"了。如何才能避免强制循环的这些缺点？秦裕琨的大脑每天都在高速飞转，经过大量的资料调研、方案分析论证，他抓住主要矛盾，首次在国内提出热水锅炉自然循环的学术思想：研制新型采暖锅炉，保证里面的水不汽化，变强制循环为自然循环，问题便迎刃而解了。

有了思路，秦裕琨便夜以继日地绘制草图，后来甚至直接搬到了锅炉房，吃住都在那里。经过两个月的攻关，自然循环热水锅炉的图纸终于设计出来。紧接着，他带领学生和工人投入到更加艰难的制造过程。最终，像"蚂蚁啃骨头"一般，他们制造出我国第一台自然循环热水锅炉，并于同年冬季成功运行，由此也掀开我国工业锅炉制造史上新的一页。直到今天，我国很多地区冬季采暖还在采用他设计的这种锅炉。

解决了省"革委会"锅炉改造的难题，哈工大的锅炉改造任务也理所当然地落在了秦裕琨头上。1975年深秋，他经过反复试验，开发出新技术，抢在供暖前成功淘汰了锅炉房中的9台2吨燃用优质烟煤的手烧炉，代之以燃烧劣质褐煤、带旋风燃尽室的工业流化床锅炉，这不仅消除了供暖安全隐患，燃烧效率也大大提高。

1978年，全国第一次科学大会召开。此后，秦裕琨的自然循环热水锅炉和燃褐煤流化床锅炉研究被列为国家"六五"攻关项目。

"自然循环热水锅炉水动力试验研究"和"新型10吨/时褐煤流化床锅炉研究"课题先后获得航天部科技进步奖二等奖两项、省市科技进步奖多项，后者还获得了1986年全国发明展览会铜奖。

20世纪70年代末，国内最大的流化床锅炉——130吨/时燃煤矸石流化床锅炉出现严重堵灰、磨损甚至预热器烧毁等现象，许多专家认为已经没有改造的可能，然而"另起炉灶"不仅耗资巨大，国家还将损失一个多亿的固定资产。受国家物资局委托，秦裕琨对鸡西滴道电厂的这两台燃煤矸石流化床锅炉进行"诊治"。当时，有同行劝他："你别去了，这个项目已经被判死刑，无可救药了。"但秦裕琨没多想，"组织让干，就一定干好"。

经过深入思考和现场反复试验，秦裕琨很快发现炉内燃烧不均匀是导致产生严重问题的"病因"所在。针对实际问题，他创造性地提出"播煤风"和"二次风"技术理论，成功改造滴道电厂燃煤矸石流化床锅炉，彻底解决该炉型存在的关键问题，为国家挽回重大经济损失。这种长期稳定燃烧煤矸石的技术在当时世界上尚属先例，同时也为我国劣质燃料的大规模应用开拓了广阔前景。他主持的"130吨/时发电用流化床锅炉研究"课题获得航天工业部科技进步奖一等奖、国家科技进步奖三等奖。

在对大量问题锅炉进行改造的实践中，秦裕琨逐渐形成了自己的工程哲学思想。20世纪七八十年代，根据不断成型的科学理论，他"救治"的大大小小锅炉不计其数。对各种"疑难杂症"，他都是"手到病除"。"秦总捅"也真正成了这个领域的"秦总统"。

"总是跟在别人后面跑绝对不行"

20世纪80年代后期，随着世界范围内水电、核能等清洁能源的快速发展，业内很多专家认为，在煤炭燃烧这样的传统领域里很难再有大的技术创新。可是，丰富的理论与实践研究经验告诉秦裕琨，事实并非如此。

"能源与环境将是困扰我们中国经济发展的最大难题，中国的能源科技工作者就要研究中国的能源问题，但我国的能源供应以燃煤为主，而且中国煤的特性与国外不同，我们中国人自己不研究指望谁研究？"我国的能源结构中，油气只占约30%，而煤则达到70%。由于煤的热效率低，污染指数高，中国燃煤领域亟待解决的问题有很多。秦裕琨从战略思维角度出发，反复强调："我们是得关注国际趋势和热点，但更重要的是解决我们自己的实际问题。总是跟在别人后面跑绝对不行！"

那一时期，我国电力工业每年消耗煤炭近3亿吨，但在高效燃烧、低污染、低负荷稳燃和防结渣等方面一直未能取得理想效果。于是，秦裕琨将科研方向集中到更为尖端而迫切的领域——火电厂的高效稳燃煤粉燃烧技术。凭着严谨的科学态度、渊博的专业知识，他对国内外的研究方法做了详尽分析，敲定"风控浓淡煤粉燃烧技术"这一极具挑战性的新课题，以解决电力工业安全经济运行的关键问题。

秦裕琨主动放弃熟悉的领域和课题，又一次开启全新的挑战。他领衔的团队刚组建时只有4个人，在没有经验、经费紧张、前途未知的情况下，他带领课题组走进了空荡荡的实验室，着手建立实验台。经过艰苦攻关，1993年，煤粉燃烧技术在实验室获得成功。短暂的兴奋之后，他很快回归冷静："在实验室成功不算本事，工科的成果如果用不到实处、不能为工业化服务，也就没有多少意义！"

秦裕琨的目光转向了新技术的实际应用。可在未经实践之前，哪家电厂都不愿或不敢冒风险使用他们的新技术。八方奔走均未成功，有人泄气了，但他依然信心满怀："那些大厂子不愿意干，咱就找小厂子；新锅炉不让改，就改造旧锅炉。"

功夫不负有心人。课题组最终在农垦红兴隆管理局找到了一家电厂,他们就在一台几乎报废的锅炉上做起了实验。结果喜人——新技术不但把"死马"医活了,而且热效率超过了新锅炉。

秦裕琨运用马克思主义的思想方法和工作方法,乘胜追击,针对不同燃烧方式和煤种,开发了包括水平浓缩、水平浓淡风、径向浓淡旋流等一系列浓淡煤粉燃烧技术,均达到国际领先水平。这些科研成果提高了锅炉低负荷稳燃烧能力,降低了氮氧化物的排放,防止了结焦及高温腐蚀,并保持了相当高的燃烧效率,覆盖了电站锅炉的主要燃烧方式和煤种。除用于电厂改造外,我国各大锅炉厂都已用这些技术进行产品设计和技术改造。

从直流到旋流,从小机组到大机组,从东北地区到中原地区,新技术应用的新增容量以几何级数增长。截止到 2000 年,系列浓淡煤粉燃烧技术已在全国 34 座电厂 62 台锅炉上应用,机组总容量 9 455.8 兆瓦,并被哈尔滨锅炉厂、上海锅炉厂、东方锅炉厂、武汉锅炉厂、北京巴威公司等所有大型锅炉制造厂在新产品设计及技术改造中应用,每年创造直接经济效益 4 亿~5 亿元。

2001 年 2 月 19 日,北京人民大会堂隆重举行了中华人民共和国成立以来科技界规模最大、规格最高的一次国家科学技术奖励大会,秦裕琨从时任国务院总理朱镕基手里接过 2000 年度国家技术发明奖二等奖证书。也是在这一年,年近古稀的他当选为中国工程院院士。

"写中国的论文,解决中国的实际问题"

"要有战略思维,必须以解决党和国家重大需求为己任,引领某一个行业、某一个领域的发展。""一定要做好储备性研究,形成我们自己的学术思想方法,准备着将中国标准和中国教育推广出去。""取得成绩时不要沾沾自喜,要想一下国家和集体为你做了什么,也不能忘了别人的付出和努力。"

没有接班人的事业不叫事业。无论做普通教师,还是担任主管教学的副校长,秦裕琨都强调立德树人,科教报国。他说,只有培养出更加优秀的杰出人才,党和国家的教育科研事业才有希望。进入新世纪后,考虑人才培养和梯队建设,他逐步退居二线,转为更多地支持中青年教师的工作,言传身教引领他们开拓新方向,"写中国的论文,解决中国的实际问题"。

秦裕琨以身作则,为团队打造了精神的高地、树立了行动的榜样。正因为如此,他才能建立起一支能打硬仗、团结协作、与时俱进、面向未来的创新型学术梯队。由他力促落实的燃煤污染物减排国家工程实验室于2008年11月获国家发改委批准立项建设,于2011年7月揭牌成立。

为打赢"蓝天保卫战",实现"煤炭清洁高效利用及节能技术",秦裕琨带领团队致力于研究低氮氧化物排放煤粉燃烧技术,2015年由他直接参与、弟子李争起负责的"高性能中心给粉旋流煤粉燃烧技术"项目获国家技术发明奖二等奖。他带领团队发明的墙式切圆水平燃料分级燃烧技术,获2017年黑龙江省科学技术奖技术发明类一等奖;发明的异相双循环层燃NO_x超低排放控制技术,获2018年中国特种设备检验协会科学技术奖一等奖。他还带领团队完成了多次引射W火焰煤粉燃烧技术与装备,在高效燃烧、安全运行的前提下,实现更低氮氧化物排放,成果获2020年黑龙江省科学技术奖技术发明类一等奖。

近年来,秦裕琨带领团队围绕国家重大战略需求,主动对标习近平总书记致哈工大建校百年贺信精神,打造国之重器,主动从传统研究领域转型,在"两机"重大专项、智慧能源、碳中和、碳达峰等领域开展了多项研究和实践,取得了多项重要成果,给国家和地方创造了巨大的经济效益和显著的社会效益。为推动学科转型和人才培养，助力生态文明建设，在他的指导支持下，2021年10月19日，燃烧工程研究所面向国家双碳目标，正式更名为"碳中和能源技术研究所"。

2021年7月1日上午，庆祝中国共产党成立100周年大会在北京天安门广场隆重举行。全程收看了大会直播的秦裕琨激动地说，作为一名老党员，我要带头响应党中央号召，牢记初心使命，继续为实现第二个百年梦想发挥光和热，努力为党和人民争取更大光荣。

"入党是我生命的里程碑。"时至今日，秦裕琨仍然保存着当年的入党通知书。从这张虽然已经在岁月的变迁中发黄变薄却依然整洁的入党通知书上，不仅可以读出一位共产党员对信仰的忠贞，更能读出那份执着的信念追求。作为一名教师，秦裕琨始终把关心学生、教好学生当作自己最重要的责任。他为学生做思想工作的一场讲座内容经过整理后，以《如果中国不实行社会主义》为题，发表在1991年3月29日的《人民日报》上。这篇文章成为高校教师维护校园稳定，深入学生开展思想教育的典范。坚守信仰，一生无悔。2001年和2003年他两次被评为黑龙江省优秀共产党员，2006年又被评为全国师德标兵。燃烧工程教工党支部2019年被评为全国党建"双创"工作样板支部。

2019年5月10日，2018"感动哈尔滨"年度人物（群体）颁奖典礼上，哈工大"八百壮士"荣获"感动哈尔滨"年度群体称号。秦裕琨和团队成员作为代表到场领奖。颁奖仪式上，他深情地说："党和国家的需要是我们的责任和使命，国家的强大和民族的复兴是我们一生不变的追求。"的确，作为新中国的第一批大学生，他始终服务我国热能工程领域的重大需求和国计民生，用自己"扎根东北、爱国奉献、艰苦创业"的所作所为，兑现了当初"为实现中国工业现代化而奋斗终生"的承诺。他的精神是哈工大"八百壮士"精神，是中国精神，是以爱国主义为核心的民族精神和以改革创新为核心的时代精神。

秦裕琨的故事仍在继续中。如今，这位马上就要90岁高龄的"大先生"仍然精力充沛、思维敏捷、身体力行。鉴于他的杰出贡献，2021年12月20日，根据《黑龙江省科学技术奖励办法》规定，经黑龙江省人民政府批准，决定授予他2021年度黑龙江省最高科学技术奖。"学就学好，干就干好；有所为，无所求。"这是他始终坚守的人生格言。而透过他70载的教学、科研之路不难看出，正如他所专注的"燃烧学"一样，秦裕琨一生都在不断燃烧自己，释放出蓬勃的能量。

秦裕琨年表

1933 年（1 岁）

5月7日，出生于上海，随父母曾短暂生活于汉口，后又返回上海。祖籍江苏省扬州市。

父亲秦曙声在四行储蓄会工作，母亲徐慧因是旧式家庭妇女。

为家中幼子，上有大姐秦裕璠、大哥秦裕琛、二哥秦裕琏。父母曾在扬州生育6个子女，均不幸夭折。祖父秦曼青是清末民国间诗人、学者、出版编辑家、书画家、藏书家。

1934 年（2 岁）

下半年，父亲秦曙声的工作地点搬到上海国际大饭店。

上海长大，居住地四行联合会职工宿舍位于当时上海法租界。

1935 年（3 岁）

农历九月八日，家人在扬州为曾祖母举行90大寿盛大庆祝活动。

1936 年（4 岁）

在四行储蓄会特设家属幼儿园上学。

1937 年（5 岁）

7月7日，"七七事变"抗日战争全面爆发。不久，伯父在老家扬州的街上被日本兵抓走，下落不明。

与到粤北山区躲避日寇的叔父失去联系，父母将叔父家在扬州的两个儿子秦裕瑷、秦裕珩接到家里照料直到抗战胜利。

8月13日，日本侵略军进攻上海。12月13日日军攻入南京，发生了南京大屠杀惨案。

父亲升任四行储蓄会留守上海总部的财务负责人。

1938年（6岁）
2月，在储蓄会设立的古柏小学上学。

上海沦陷为孤岛，在法租界内的生活相对安宁。

1939年（7岁）
父亲专门请了一位远房亲戚为家里的4个孩子讲授古诗文。

1940年（8岁）
大表姐徐寄萍（原名徐乃馨）在上海参加了学生协会，组织参加各种爱国运动，给秦裕琨的童年世界观里传播了抗日救国的爱国思想。

1941年（9岁）
12月7日，太平洋战争爆发，父亲同事出差途经新加坡，在旅店遇日寇轰炸不幸遇难，父亲每月拿出钱资助其家属，直至抗战胜利。

上海时局愈发动荡，四行储蓄会高层均逃至重庆。

1942年（10岁）
小学课程增加了英语。学习认真，闲暇和哥哥姐姐玩乒乓球。

古柏公寓请教练教孩子们习武，学习之余开始习拳练武。

1943年（11岁）
把对武术的热爱扩展到武侠小说，尤其着迷还珠楼主。

1944 年（12 岁）

7月，古柏小学毕业，和好朋友唐齐千一起升入育群中学。

日本人开始强迫中国学生学日语，和同学一起与教日语的中国教师演"双簧"，抵抗日本人的奴役政策。

1945 年（13 岁）

育群中学停办，转至私立育材0中学读初二。

9月3日，抗战胜利，全家庆祝。

国民党接收大员从重庆抵沪，住在市中心锦江饭店。和小伙伴们连续几天去看中国兵。

1946 年（14 岁）

国民党统治上海，物价飞涨，经济崩坏。

学习名列前茅。

1947 年（15 岁）

和好朋友唐齐千一起升入育材高中。

对国语学习，尤其是古诗词吟诵情有独钟。

1948 年（16 岁）

目睹上海政治经济混乱，人民生活困难。国民党试图革除积弊，打击贪官，蒋经国亲自来沪"打老虎"，但以失败告终。

1949 年（17 岁）

5月27日，上海解放。

有意识地为报考大学做准备，希望以"科学救国"去实现祖国的富强。

1950 年（18 岁）

7 月，育才高中毕业，报考了清华、交大、大同、之江四所大学，均被录取。

9 月，选择进入交通大学机械工程系就读。

1951 年（19 岁）

4 月 19 日，教育部按照副主席刘少奇的指示精神，提出《哈尔滨工业大学改进计划》。哈工大正式被确定为我国最早学习苏联教育经验的样板高校。

升入大二，开始住校独立生活，与后来同为中国工程院院士的阮雪榆住同一个寝室。

1952 年（20 岁）

6 月，全国高等学校的院系设置进行了大规模调整，建立起"苏联模式"高等教育体系，大力发展工科院校。

同济大学、大同大学、国立高等工业学校机械制造专业并进交通大学，变为大班。班级采用互助组形式，一位老交大学生带两位非原交大的学生，共同提高学业。

学校开始统一使用苏联教材。

1953 年（21 岁）

5 月，经邱大雄介绍，加入中国共青团。

国家开始第一个五年计划，急需人才。4 年的学习被压缩成 3 年。8 月，从交通大学毕业。

9 月 5 日，服从分配来到哈工大，做师资研究生。在哈工大读预科，学俄语。

1954 年（22 岁）

1 月 24 日，时任团中央书记处书记的李昌接任陈康白正式成为哈工大校长。

成绩优异,担任研究生班的班长,同时为本科生上课。

秋,开始跟随苏联专家华西里·米哈伊洛维奇·马克西莫夫学锅炉。

10月,高教部第一批确定6所高校为全国重点大学,哈工大成为京外唯一一所重点大学。

冬,去上海锅炉厂生产实习,目睹中国制造锅炉的现状。

1955年(23岁)

春季学期,正式成为"小教师",一边跟苏联专家上课,一边为学生讲授"锅炉与锅炉房"课程。

暑假,去抚顺电厂参加锅炉运营实习,第一次见到了真正的锅炉——从苏联进口的130吨新式电厂锅炉,决心造出中国自己的新锅炉。

1956年(24岁)

7月,以优异的成绩毕业于哈工大机械系研究生班。

9月,担任助教,开始在哈工大锅炉教研室工作。

哈工大动力机械系正式成立。

作为组建者成员参与组建国内最早的锅炉专业(后改为热能工程专业)。

全国掀起了"向科学进军"的热潮。

11月23日,祖父秦曼青去世。

1957年(25岁)

中苏关系恶化,苏联专家全部回国,在锅炉方面的学习与研究受到一定影响。

9月,哈工大专业设置进行了重大调整。同年,学校和工厂合作,师生和工人结合，开始进行厂校协作，总结和发展技术革命成果。

所在动力机械系师生深入工厂，开展技术革新与技术革命，将教育与生产劳动相结合渗透到教学工作的各个环节中去，获得了教学、生产、科学研究的全面丰收。

哈工大教职工发展到800余人，平均年龄只有27.5岁，这个群体后来被称为"八百壮士"。

1958年（26岁）

政治运动打乱了高校正常的教学秩序，被派往哈尔滨机联机械厂劳动一年，吃在工厂，住在工人宿舍，融入了工人阶级，真正做到了从书本走向生产。

全力编写《蒸汽锅炉的燃料、燃烧理论及设备》讲义。

7月11日，由于用新技术改造老锅炉取得明显效果，黑龙江省哈尔滨市工会联合会授予技术革新者称号。

1959年（27岁）

着手撰写《蒸汽锅炉的燃料、燃烧理论及设备》一书，完成初稿，并由学校油印出版。

研究炉内传热等相关问题，形成《炉内传热》讲稿，为高年级本科生开设选修讲座。

1960年（28岁）

10月22日，中共中央发布《关于增加全国重点学校的决定》，哈工大被列为全国32所重点院校之一。

1961年（29岁）

9月，由助教升为讲师，继续给学生上课。

1962 年（30 岁）

元旦，与许映珍结婚。

春节回上海，父亲给了一个存折，里面是父亲为他攒下的钱。

哈工大基本完成由民到军的转变，形成了门类齐全、学科互相配套的专业体系，成为为国防科技及国民经济建设服务的多科性大学。

1963 年（31 岁）

4 月 29 日，获得"又红又专　做共产主义接班人"共青团优秀团员称号。

5 月 18 日，长子秦明出生。

10 月，《蒸汽锅炉的燃料、燃烧理论及设备》一书由中国工业出版社正式出版，是中国锅炉专业课程的第一本全国通用教材，拿到 2 000 元的"巨额"稿费。

1964 年（32 岁）

学校派师生去农村搞"四清"，去工厂搞"五反"。

享受与儿子在一起的快乐时光。

1966 年（34 岁）

2 月，被学校派往黑龙江省嫩江地区讷河县二克浅镇西庄大队进行社会主义教育运动。

8 月，返回校园。

1968 年（36 岁）

夏，开始恢复一些正常的教学和研究。

7 月 16 日，次子秦江出生。

1969 年（37 岁）

12 月 30 日，国防科工委发函，哈工大一分为三，五系迁往长沙，国防尖端专业及配套专业迁往重庆，民用专业留在哈尔滨。

1970 年（38 岁）

春夏，哈工大部分人员与绝大部分物资南迁重庆。学校停止了一切教学科研活动。

留守哈工大，被分配前往五常市山河镇建设干校，主要工作是伐木。

二哥秦裕琏迁居十堰，投入二汽的开工建设中。

接近年关，被学校接回。

1971 年（39 岁）

响应党和国家"打倒煤老虎"的号召，改造效率低下的锅炉，去工厂做技术指导。

正常教学之外，和同事举办锅炉测试、水处理、土法改炉、流化床锅炉、简易煤气炉、消除烟尘等各种短期学习班 20 多期。

为哈尔滨水泥厂设计了水泥窑余热锅炉，在北京琉璃河水泥厂，大连、丹东、瓦房店、富拉尔基水泥厂等地推广，投产后效果很好。

1972 年（40 岁）

参与编写了《锅炉水动力计算方法》《锅炉锅内装置设计方法》《锅炉强度计算标准》等指导性、法规性文件。

锅炉教研室由于积极参加"节煤改炉"技术革新群众运动，重视锅炉技术的普及推广工作，被评为黑龙江省先进集体。

12 月，参编的《小型锅炉设计与改装》（第一版），由科学出版社出版。

1973 年（41 岁）

7月，迁往重庆的哈工大北返与原哈工大留省部分合并，组成哈尔滨工业大学。

恢复教学工作，为工农兵学员上课。

1974 年（42 岁）

接受对黑龙江省革命委员会（即省政府）大院的锅炉改造的任务。首次在国内提出热水锅炉可采用自然循环方式的学术思想，并给出了一套自然循环热水锅炉的水动力计算方法，设计制造了我国第一台自然循环热水锅炉。

1975 年（43 岁）

春，学校进行教育体制的"改革"，调增后的动力机械系更名为动力工程系。

对哈工大锅炉房中的9台2吨燃用烟煤的手烧炉进行了改烧褐煤的改造，将其改造成带旋风燃尽室的工业流化床锅炉，填补了国内空白。

1976 年（44 岁）

10月，出版了《燃油锅炉燃烧设备及运行》一书。

带领团队完成兴凯湖锅炉改造工作。

1977 年（45 岁）

开展10吨/时褐煤研究。

1978年（46岁）

3月，全国第一次科学大会召开。自然循环热水锅炉和燃褐煤流化床锅炉研究被列为国家"六五"攻关项目。

5月，获评副教授，哈工大锅炉教研室改称哈工大热能工程教研室。

9月，由黑龙江省高教局授予副教授职称，并获校优秀教育工作者称号。

哈工大动力工程系锅炉专业改名为热能工程专业。

1979年（47岁）

带领课题组深入电厂进行了详细考察和调研，组织协调锅炉制造厂家和电厂等有关方面进行了大规模的实验，解决了流化床燃烧技术的关键问题。

将分得的房子让给了身体不好的同事，一家四口仍住在18平方米的筒子楼里。

1980年（48岁）

在科研工作基础上，在国内最早开创"炉内传热"课程，编写的教材被确定为全国通用教材。

任动力工程系教研室副主任，主抓科研工作。大力抓实验室建设，对所属的车床、钻床、铣床、实验设备等进行了排除、修整、更新。

热爱中国共产党，递交了入党申请书。

1981年（49岁）

5月，开始担任哈工大热能工程教研室主任。

9月，指导第一个硕士研究生罗灵爱。

10月29日，在上海给父亲过90岁生日。

11月21日，组织上批准入党申请，加入中国共产党。

《炉内传热》由机械工业出版社出版，至今仍为我国此课程唯一的全国通用教材。

出版《层状燃烧及沸腾燃烧工业锅炉热力计算方法》一书，该书是我国第一次制定的锅炉热力计算标准，并提出了一套新的炉内传热计算方法。

"改造130吨/时燃煤矸石流化床锅炉"项目被列入"六五"国家科技攻关课题，仅改造电厂一项就为国家避免了上亿元的财产损失。结合此课题，培养硕士研究生4名，发表论文13篇。

告别住了20多年的18平方米筒子楼，搬到新居。

1982年（50岁）

开始主讲研究生课程"燃烧理论"。

开设"锅炉原理"专题课程。

1983年（51岁）

任热能工程教研室主任，一面抓科研，一面抓教学。

教学成绩优异，获黑龙江省优秀教师称号。

1984年（52岁）

筹措经费为教研室年轻教师买了4套房子，解决了年轻教师的住房问题。

1985年（53岁）

1月，由于在劣质煤流化床燃烧的"六五"国家科技攻关中成绩卓著，被国务院重大技术装备领导小组办公室、国务院电子振兴领导小组办公室给予表彰。

4月，被授予哈尔滨工业大学优秀教师称号。

5月，经专业技术职务评审委员会审定具备教授任职资格，被聘为哈尔滨工业大学教授。

提出"播煤风"的思想，解决了流化床锅炉堵灰、烧毁等问题，获得了原航天工业部科技进步奖一等奖。

去山东黄台电厂参观，帮助电厂解决了浓淡燃烧技术造成的高温腐蚀结症。

8月，和家人一起到江北郊游。返回时乘小船上岸，躲过了松花江沉船事件，有惊无险。

9月10日，被授予黑龙江省优秀教师称号。

12月，获评教授。

1986年（54岁）

5月，在工业锅炉耗能高产品更新换代的"六五"国家科技攻关中成绩显著，受到国家计划委员会、国家经济委员会、国家科学技术委员会、财政部的表彰。

6月，SHFIO-13-H新型褐煤流化床锅炉项目获长春首届发明与革新展览会发明与革新奖。

7月，新型10吨/时褐煤流化床锅炉研究获原航天工业部科技进步奖二等奖和全国发明展览会铜奖。

11月，加强学术交流，第一次出国，访问了威斯康星大学、美国伊利诺伊大学、西弗吉尼亚大学。

1987年（55岁）

1月10日，10吨/时新型褐煤流化床锅炉项目获长春市科学技术进步奖一等奖。

3月，担任哈工大动力系主任。

提出了水平浓淡煤粉燃烧的学术思想，并开始预研工作。

7月，主持的《130吨/时发电用流化床锅炉的研究》获国家科学技术进步奖三等奖。

9月5日，由于在教学育人活动中成绩显著，获评黑龙江省哈尔滨市教书育人先进教师光荣称号。

9月，主持的自然循环热水锅炉水动力试验研究获黑龙江省科学技术进步奖三等奖。

12月，与何佩鏊、赵仲琥合编的《煤粉燃烧器设计及运行》由机械工业出版社出版，是该领域的第一本专著。

12月，参编的《小型锅炉设计与改装》（第二版），由科学出版社出版。

12月，撰写的《大型流化床锅炉设计的几个问题》论文，在黑龙江省自然科学技术优秀论文评选中，获优秀学术论文一等奖。

1988年（56岁）

4月29日，被评为哈尔滨工业大学优秀教师。

5月，哈工大与中国第一汽车集团公司联合办学，成立了汽车工程学院，培养汽车工业领域高级人才，担任副院长。

7月1日，被授予哈尔滨工业大学优秀共产党员光荣称号。

9月，主编的《小型锅炉设计与改装》（第二版）荣获全国优秀图书奖。

10月，获得黑龙江省哈尔滨市优秀科技工作者荣誉称号。

11月，被评为黑龙江省有突出贡献的中青年专家。

1989年（57岁）

3月，任动力工程系主任的同时开始兼任该系党总支书记。

3月29日，在人民日报发表《中国走社会主义道路是历史的必然》，批评贬低社会主义制度优越性的声音，坚定中国人走社会主义道路的自信。

针对大学生中普遍存在的一些思想问题深入开展思想工作并在全院教师大会上演讲，演讲稿经整理后以《假如中国不实行社会主义》为题发表在《人民日报》上，成为高校教师维护校园稳定、深入学生开展思想教育的典范。

9月10日，获评黑龙江省优秀教师。

9月10日，《教书育人，促进学生全面发展》获黑龙江省优秀教学成果一等奖。

11月3日，主编的《炉内传热》被评为优秀教材二等奖。

1990年（58岁）

5月，担任哈尔滨工业大学教务长。

10月，担任哈尔滨工业大学主管教学的副校长。出台并完善了"教学管理、考核和激励机制"，建立教学检查组，并将每位教师的教学评价纳入到职称评定体系中去，改善了全校的教学秩序，为学校教学工作顺利通过"211工程"预审打下了坚实基础。

12月，当选中共哈尔滨工业大学第七届委员会委员。

1991年（59岁）

学校体制改革，放弃熟悉的领域和课题，开始从事煤粉燃烧研究，建立第一个煤粉燃烧实验台。

6月，率团访问日本千叶工业大学、东京工业大学，会见千叶工业大学理事长，探讨学术及高等教育问题。

在学校暑期工作会议上，提出深思熟虑之后的教学改革方案——建立实验学院。率先实行学分制，致力于把实验学院建成因材施教，注重基础，培养高素质、全面发展型人才的实验基地，这一措施对于全面推进教改工作具有重大意义。

10月，开始享受国务院政府特殊津贴。

1992年（60岁）

煤粉燃烧技术的实验结论基本完成。

10月,《炉内传热》(第二版)由机械工业出版社出版。

1993年(61岁)

水平浓淡燃烧技术的基本问题得到解决,这项技术开始从实验室走出来。

3月15日,受聘煤的高效低污染燃烧国家重点实验室学术委员会委员。

1994年(62岁)

5月,卸任哈尔滨工业大学副校长,全身心投入到研究生培养和教学科研工作中。

煤粉燃烧技术在辽化420吨/时锅炉上得到成功应用,为向更大机组发展积累了宝贵的经验。

6月,哈工大将动力工程系和汽车工程学院合并,成立了能源科学与工程学院。

6月28日,当选《燃烧科学与技术》编辑委员会委员。

1995年(63岁)

旋流浓淡煤粉燃烧技术在黄岛电厂200兆瓦机组上成功应用。

12月16日,《高效节能煤粉工业锅炉的研究》获中国航天工业总公司科学技术进步奖二等奖。

12月,哈尔滨工业大学进入国家"211工程"首批重点建设高校。

1996年(64岁)

10月12日,曾参与的哈工大汽车工程学院搬迁威海市,举行挂牌庆典。

1997年（65岁）

直流水平浓淡煤粉燃烧器在河南焦作200兆瓦机组上燃烧无烟煤成功应用，并以此为示范工程大面积推广。

6月，《炉内传热》教材荣获机械工业部第三届高等学校机电类优秀教材奖二等奖。

1998年（66岁）

6月，应用水平浓淡煤粉燃烧技术的300兆瓦机组点火成功，这项技术进一步走向成熟，并得到了社会的认可。

新房分到哈尔滨工业大学西苑小区F栋（条件较好），再次让给他人。

1999年（67岁）

燃烧工程研究所成立，任所长。

11月，哈工大成为国家按照世界知名的高水平大学目标重点建设的9所高校之一。

2000年（68岁）

5月，哈尔滨工业大学与哈尔滨建筑大学合并，组建成新的哈尔滨工业大学。

10月，发明的用于火力发电厂的风控浓淡煤粉燃烧技术，获得国家科学技术发明二等奖。

2001年（69岁）

2月，从国务院总理朱镕基手里接过2000年度国家技术发明二等奖荣誉证书。

3月，主编的《燃油燃气锅炉实用技术》一书由中国电力出版社出版。

6月，被评为黑龙江省优秀共产党员。

11月，当选为中国工程院院士。

12月18日，由于在"'风包粉'系列浓淡煤粉燃烧技术的研究与推广"中贡献突出，并取得重大经济效益，被授予黑龙江省重大科技效益奖。

2002年（70岁）

在中央电视台《百家讲坛》栏目做题为"煤的高效清洁燃烧"的报告。

哈工大科技节，为学生做两个多小时关于"科学与人生"的讲座。

2003年（71岁）

6月，被评为黑龙江省优秀共产党员。

9月，主动要求为哈工大大一新生做多场专业启蒙报告，与本科生组织座谈，为大学生讲解如何树立正确的人生观、价值观。

2004年（72岁）

到西安热工研究院内的大型试验台，与合作单位人员谈论工作。

2005年（73岁）

6月，为（威海）能源与环境研究所揭牌。

6月18—20日，参加在福州金山展览城举办的第三届中国福建项目成果交易会哈工大项目成果对接会。

7月8日，作为研究生导师代表，在2005届研究生毕业典礼仪式上致辞。

2006年（74岁）

4月3日，为哈工大学子做题为"做人做事做学问"的讲座。

6月11日，在能源学院第六届学生学术研讨会暨首届动力工程及工程热物理博士生论坛上讲话。

9月，以"理想·方法·成功"为题给大学新生做报告。

12月5日，参加本科教学评估座谈会。

2007年（75岁）

9月16日，为大一新生做报告，回顾学校历史，介绍学校特色。

11月14日，与哈工大（威海）学子畅谈"大学·理想·人生"。

2008年（76岁）

4月1日，为全校研究生做题为"大学和学习"的报告。

7月17日，国家发展和改革委员会高技术产业司副司长刘艳荣一行莅临哈工大，就有关项目进展和筹备情况进行调研，在会上做重要发言。

能源学院建院50周年之际，接受哈工大能源学院团委记者有关学院历程和个人成长经历的采访。

11月，带领哈工大和山东大学联合申报的"燃煤污染物减排国家工程实验室"获国家发改委批准立项建设。

2009年（77岁）

9月12日，做客哈工大新基论坛，为同学们答疑解惑，谈人生理想。

10月21日，受哈尔滨工业大学深圳研究生院邀请，为深圳研究生院教师做题为"如何做一名合格的大学教师"的报告。

2010年（78岁）

4月18日，出席"90周年校庆·90名家讲坛"，做题为"燃起明天的希望"的报告。

6月8日，在哈工大建校90周年校庆晚会上，与周玉、欧进萍、任南琪、怀进鹏、方滨兴5位院士一起合唱《喀秋莎》。

2011年（79岁）

3月，受聘国家能源战略研究重大咨询项目专家，成为"先进的燃煤发电技术"课题组的牵头人之一，负责组织相关专家开展燃煤发电研究工作。

3月，作为验收专家组成员，对国内首个"基于吸收式换热的热电联产供热技术"进行验收。

4月27日上午，在哈工大档案馆成立20周年庆典大会上发言。

7月，燃煤污染物减排国家工程实验室揭牌成立。

2012年（80岁）

1月26日，东北网对其学术成就和个人成长经历进行长篇报道。

9月，作为项目评审专家，参加由中国石油和化学工业联合会组织的"水煤浆水冷壁清华炉气化技术"的科技成果专家鉴定会。

11月，参加由工业和信息化部、河南省人民政府共同主办的第二届中国郑州产业转移系列对接活动。

2013年（81岁）

3月21日，为哈工大全校师生做题为"我的强国梦"的报告。

4月，在上海交通大学机械与动力工程学科成立百年庆祝大会上做报告，回顾在母校的求学经历。

4月，为黑龙江东方学院在校师生做题为"我的中国梦"的报告。

7月，获得2013年度全国教书育人楷模候选人称号，相关事迹被《中国教育报》刊登。

12月，在大连海事大学做题为"在教学和科研中燃烧自己"的报告。

2014年（82岁）

1月，与哈电集团开展深入合作，成功解决企业的多项技术难题，受聘外部特邀专家委员。

5月，与哈工大大一新生共话社会主义核心价值观。

7月，与其他院士一起倡导和支持海浪集团公司制定燃煤锅炉微排放行业标准，推进能源革命。

8月15日，作为验收专家组成员对"国家煤电机组环保改造示范项目"进行验收。

10月，对中国电力工程顾问集团东北电力设计院和上海机易电站设备有限公司等多家单位研究设计的煤中取水高效褐煤发电技术做出评价。

11月23日，在哈工大能源学院建专业60周年、建学院20周年纪念活动上致辞。

2015年（83岁）

11月12日，接受新华社记者采访，对冬季雾霾治理提出建议和改进措施。

12月19日，接受人民网记者采访，对"超排企业"治理提出建议。

2016年（84岁）

1月，高性能中心给粉旋流煤粉燃烧技术获2015年度国家技术发明奖二等奖。

2月，作为专家对"高效清洁燃煤电站锅炉国家重点实验室"

建设与运行实施方案进行论证。

4月,参加洁净煤技术专题论坛。

4月7日,参加首届能源科学与技术国际高端论坛并讲话。

4月23日,接受新华社记者采访,对东北走出全面振兴新路子建言献策。

6月,带领科研团队首批进入"黑龙江省哈锅高效清洁燃煤电站锅炉院士工作站"。

6月,获得科学中国人(2015)年度人物称号。

7月,作为组长,对哈尔滨锅炉厂"66万千瓦超超临界二次再热锅炉研制及应用"项目进行了成果鉴定。

7月,为哈工大一校三区"哈工大规格"研讨班学员讲授"哈工大规格"。

7月,参加2016年度黑龙江省科学技术奖励委员会评审会议,对参评项目进行了评审。

9月,作为评审组组长对"晋能洪洞超临界350兆瓦低热值煤循环流化床锅炉技术方案"项目进行评审。

9月,主持第一届哈尔滨老科技工作者学术与科技成果交流会。

9月,在黑龙江省全国科普日暨金秋科普月活动中参加科学家"大手拉小手"活动。

11月,作为评审专家,出席哈尔滨锅炉厂自主研发的"100万千瓦等级超超临界二次再热塔式锅炉研制及应用"项目国家级成果鉴定会。

2017年(85岁)

1月9日,参加太原锅炉集团第三代循环流化床锅炉技术项目鉴定会。

2月28日,中电视频独家报道其在教学科研成果转化等领域的重大成就。

4月23日，世界读书日，为全校师生吟唱唐诗。

5月10日，获中国老科学技术工作者协会"突出贡献奖"。

6月，出席《能源技术展望2017》中国发布会，并做大会主题报告。

7月11日，煤文化微信评定其为中国煤炭行业最厉害的20个人之一。

8月，在海曙设立宁波龙高科绿能环境有限公司，推进校企合作。

9月10日，出席哈尔滨工业大学与哈电集团战略合作框架协议签约仪式，并做重要讲话。

12月20日，受哈工大正能量宣讲团之邀，为师生们做题为"我与哈工大 我的中国梦"的报告。

2018年（86岁）

3月两会期间，就煤炭清洁高效利用建言献策。

4月7日，被《光明日报》报道参加正能量宣讲团、传播爱国奋斗等正能量的先进事迹。

4月23日，出席第二届中国航天科技教育校长论坛，做了题为"哈工大规格与航天精神"的大会报告。

9月13日至16日，应邀出席中国工程热物理学会燃烧学学术年会暨国家自然科学基金燃烧项目进展交流会。

2019年（87岁）

5月10日，作为哈工大"八百壮士"代表参加2018"感动哈尔滨"年度人物(群体)颁奖典礼。

9月，获庆祝中华人民共和国成立70周年纪念章。

10月12日下午，做客哈工大新基论坛，为学子们讲述哈工大曲折而辉煌的发展史和自己求学、教学、做科研的经历，向大家传授"做人、做事、做学问"的道理。

10月31日，为哈工大（威海）学子做"小我融入大我，一生献给祖国"的报告。

2020年（88岁）

6月7日，参加哈工大建校百年纪念大会。

6月12日，参加中国能源研究会在北京中国科技会堂组织的"亚临界机组600℃升温改造关键技术"研究与应用成果评审会。

7月21日，领衔专家组参加黑龙江省生态环境厅召开的《黑龙江省散煤污染治理"三重一改"攻坚行动实施方案（2020—2022年）》。

2021年（89岁）

1月6日，在陕西工业职业技术学院设立新能源及装备研发院士工作站。

5月25日，在安天科技集团"纪念习总书记视察安天五周年暨专家劳模讲党课大会"上为安天员工讲党课。

6月1日，为哈工大能源学院上百位党员和教师做"党史结合学科发展史专题讲座"。

10月15日，被咸阳市委、市政府聘任为咸阳市科技顾问，聘期3年。

10月19日，参加碳中和能源技术研究所揭牌仪式。

10月20日，荣获2021年度黑龙江省最高科学技术奖。

10月28日，参加省暨哈尔滨市老科协庆祝第六届全国老科技工作者日"百年颂"活动，获评"老科技工作者之星"。

10月30日，为哈工大能源学院学生讲述"碳达峰碳中和——新时代青年党员的使命与担当"。

12月20日，荣获黑龙江省最高科学技术奖。

2022 年（90 岁）

4月15日，黑龙江日报以"一位院士与哈锅的60年缘分"为题报道了自哈锅建厂以来，秦裕琨团队与其相互合作、彼此成就。

7月2日，在哈工大出席哈尔滨工业大学大中小学思政教育一体化研究中心成立仪式暨"马克思主义理论学科"建设论坛。

7月22日，中国机械工业联合会在哈尔滨市组织召开了"5MWe超临界二氧化碳锅炉研制及应用"成果鉴定会，担任鉴定委员会成员并出席会议。

8月2日，在哈工大参加2022年暑期院士座谈会，为学校新百年发展献计献策。

10月27日，参加碳中和能源技术研究所教工党支部换届选举，当选新一任党支部书记，并与马克思主义学院形势与政策党支部签订共建协议。

11月10日，结合自己学习党的二十大精神的体会讲授党课，勉励青年师生以实际行动把二十大精神落到实处。

秦裕琨手稿（节选）

强国梦

我，1933年生于上海。那个年代正是国歌里所唱的"中华民族到了最危险的时候"。我出生地是上海宁兵路197号15号，又叫古柏公寓，实际上是我父亲就业旅行的家属宿舍，条件很简陋，没有幼儿园、小学。但是在那个年代，家门口的路叫古柏路。古柏是一位法国将军的名字。他是在中国越边境镇南关（现在叫友谊关）被中国老将冯子材、刘永福打败的。这是那个年代特殊的国之战争中，少有的打赢的战争。但是由于通讯不畅和清政府的腐败，还是和法国签订了不平等和约。因为我家地处于公共租界，几乎没有遇到租用法国的将军名字的，由法国当局管理。当发局叶巡捕房，头头是法国人，中层份子多数是越南人，越南那时是法国殖民地，那时叫安南人。下层巡警才是中国人。离我家向北远就是现在的延安东路，那时叫福煦路，福煦是美国将军。给地说是英租界，英国人货了等，利用了一批印度人来管巡警小头目。他们头上缠有头巾是红色的，上海叫他们红头阿三，阿三是上海

1.

我祖父有三个儿子。大伯夫在家乡回经营祖业。我父亲是老二，秦曙声是老三。（1893年生）父亲在家乡念了十年私塾，罕了就到镇江成庄中学学经，以后到了上海，靠业余学习取得会计专业学历，并获得会计师资质。我出生时，他是上海一民营银行的账务处长。在我心目中，他处事严谨，不苟言笑，生活规律，近手刻板。我母亲徐琼圆是典型的旧式家庭妇女，她生了十个孩子，前六个是在家乡生的，因由于医疗条件不好，都早年天折。以后随父亲到了上海，又生了四个都活下来了，我是最小的一个。在抗战时期，父亲除了要维持家中大口人的生活外，我的叔父去广东为银行工作，抗战爆发后他和同事跑到粤北山区，躲避日寇。他的二个儿子在上海，也和我们一起生活。此外，孀叔祖父早年退休，也辛有我父亲的抚养。这样他就要养活十一口人，生活很艰难。记得有一班苏聚电车，为了省钱，全家一路路，甚且走坐三等车厢。那时上海的电车只有一等和三等,没有二话。就是去茂新工厂来当1941年太平洋战争爆发，父亲的一位同事李华堂去美国出差，赶紧回国，乘船经过新加坡，去旅馆过的夏晒涛泳涤与之，去上海看看妻子和一双儿女。银行高层都已逃到重庆。没有管，父亲又等了一段会，宣说是银行局的错吗，直到抗战胜利，他儿子找到了什么山。还有一件事使我终身难以忘。我工作以后，家境生活比较宽展。我的爹她生了五个孩子，都没读书。老大考取北大，老二考取清华。生活很紧时，父亲叫我负责老二的生活费，我当然应了。外婆毕业以后，父亲又叫我资助我在苏州的太奶，她有三个孩子，和丈母娘一起生活，直到我结婚了。回到上海，见到父母亲，他给我一个存折并说："你现在苏化成了，这里是每个月汇出去的钱，都存在这里。"回想到这些事，父亲这种无言的教敬方，到现在也值得深思。

出身

我祖籍扬州，我的曾祖父是农民，在扬州长江边上的瓜州务农。瓜洲是古渡口，唐诗中就有"二三星火是瓜洲"的诗句。当时长江没有江堤，长江在那里有个转弯，冲刷江岸，土地不断坍塌。而扬州对岸镇江，有个有名景点叫金山寺。白娘娘水漫金山的传说中，过去金山是个岛，而现在金山已跟岸连成一片。江水把扬州的土搬运到了镇江。曾祖父眼看自家土地越来越少，一不狠心，就把剩下的地卖掉，到扬州南门城外开了个报店。①夫妇俩苦心经营，报店逐步做大。他们有二个儿子，大儿子就是我的祖父，二儿子①也长大，在家经营报店。二儿子天资聪颖，文字根底很好，东规考到举，经清政府取为了副举，改到邮传部工作，曾任大清银行大班②行文书。辛亥革命后，作为留用。回到上海。我的叔祖母是囡孩。有一次记得小时候到他家，屋子里到处是书柜，有很多古书、字画和印章。叔祖父在金石学方面小有名气。解放以后，我父亲把这些都捐给国家。

挑此这事加上！该十多年前的同盟会。
曲加

话里是晚义词。小时候，我就弄不懂，为什么在中国的土地上，外国人搞霸道、为所欲为，而中国人却低人一等。

1937年抗日战争爆发，11月13日日军攻入南京，发生了南京大屠杀惨案。其实大屠杀不仅发生在南京，11月15日在我的老家扬州，我的伯父走在街上就被日军兵抓走，从此下落不明，也不知就在何处。我的大哥在南京行医，办了一个小医院，在日军攻占南京前夕，他带着一家老小逃到乡下，回到了我家，那时我才四所以岁，至今仍有记忆。

（等到出了大屠杀。）

后 记

传记写作时，作者的情感需要克制甚至隐藏起来，不要直抒胸臆，不能轻易议论，最好只是去描写、去呈现。因此，秦老师的传记要出版了，我依然有千言万语要倾诉，可一时间却又不知该从何说起。

很幸运得到秦老师的信任，也很感谢老先生把这项工作交给我。我因此与秦老师有了很多原本不可能的交集和交流，对老先生的了解也日渐加深。他的理想信念、科教思想时刻感染着我；他的所经所历、所作所为，我仿佛也亲眼所见、感同身受。通过书写秦老师的故事，观察他面对不同时代和形势所做的选择，我愈发感受到老先生的平凡与伟大，也深深为他的人格魅力和强国梦想所感染。

"天行健，君子以自强不息；地势坤，君子以厚德载物。"秦老师是"榜样式"的中国人，重道义、勇担当，谦谦君子、温润如玉。他始终践行着他的人生信条——学就学好，干就干好；有所为，无所求。通过70载的科研、教学之路不难看出，和他所专注的"燃烧学"一样，他是一团火，一团永不熄灭的熊熊烈火，一生都在不断燃烧自己，释放出蓬勃的能量。为了科教事业，为了工业化梦想，从青丝到白发，他"扎根东北、爱国奉献、艰苦创业""改革创新、奋发作为、追求卓越"，始终把自身的前途命运毫无保留地融入国家民族的前途命运之中。

秦老师说，国家国家，没有国哪有家。国家富强，我等幸福；

国家有难，我亦受辱。

秦老师说，我从小就有一个强国梦，这是我们那代人最强烈的梦想和追求。

秦老师说，我没有专业，党和国家的需要就是我的专业。

秦老师说，总希望为我这个领域做点儿贡献，确实遇到很多困难，但是都挺过来了！为什么？因为一定要实现我们的梦想。我就去把这个专业学好，把它搞起来，把它振兴起来，让它发达起来。

秦老师说，学科发展要与国家发展需求紧紧相连，要瞄着前沿，去拓展服务国家能源发展重大需求的新方向、新领域。

秦老师说，我非常自豪，我是搞能源的、搞发电的，现在世界上效率最高的电厂在中国，对环境影响最小的电厂也在中国。

秦老师说，我看到中国的经济在飞速发展，我们的科学技术也在飞速发展，包括我这个学科也在飞速发展，我看到这一天了。

…………

我以为，秦老师他们这一代人的经历可谓"前无古人，后无来者"。中国历史上没有任何一代人能像他们这样，以近百年的时间历经一次又一次天翻地覆的变革。而在这些变革中，我看到的是他不变的强国梦和报国心。我们学习秦老师，学习以秦老师等人为代表的哈工大"八百壮士"，就是要探究他们的成才规律和精神品质，见贤思齐，从这些有血有肉有精神、可亲可敬可学习的长者身上汲取强大的精神动力，在许党报国、服务人民中，实现人生价值、升华人生境界。

为国家聚荣光，为时代书传奇。哈工大"八百壮士"是新中国成立以来，广大知识分子特别是科技知识分子许党报国的缩影。波澜壮阔的新中国工业史上，深深镌刻下了他们的强国梦想、奋斗历程和光辉成就。他们扎根东北、爱国奉献、艰苦创业、改革创新、奋发作为、追求卓越。他们的精神就是哈工大"八百壮士"精神，就是科学家精神，就是中国精神，就是以爱国主义为核心的民族精神和以改革创新为核心的时代精神。

秦老师的这本传记想要传达的也是这种精神。一位老先生90年的人生故事里，有成长，有奋斗，有成功，有失败，有欢喜，有委屈，但唯独没有怨天尤人，没有自暴自弃。在秦老师身上一直不曾消散的，是蓬勃的生命力和强烈的事业心，用老先生自己的话来说就是"小我融入大我，一生献给祖国"。这让他在人生的每个阶段，都不曾真正陷入低谷，凭借着脚踏实地的努力，他一步步取得了更多、更大的成绩，直到今天。

我认识秦老师时，老先生就一直是这种退而不休的状态，采访要预约好时间。我本人的工作也是忙忙碌碌，再加上水平有限，第一次写传记经验不足，难免有些心急，秦老师却一直对我说"慢慢来，不着急"。对秦老师进行访谈是件非常愉快的事情，老先生有问必答，而且大多数时候不假思索，说起多年前的事情，也依然记忆犹新、生动有趣，兴之所至声情并茂。在耄耋之年还能如此思维敏捷，真的让人为老先生感到由衷高兴。在这个过程中，我如同专门跟随秦老师学习一样，持续接受了老先生春风化雨般的口传心授，这种给我"传道、授业、解惑"的偏得让我获益匪浅。

秦老师足够认真，虽然写一本以自己为主角的传记在他看来似乎并无太多必要，但作为传主的他秉承"干就干好"的原则，对书中的内容仔细审阅，尤其是涉及专业的部分，对我表述不当的地方，都进行了详细的批注和修改。

在传记撰写的过程中，我得到了秦老师家人、朋友、同事、学生的大力支持，他们的讲述使得秦老师的形象更为生动立体。大家包容我的多次打扰，伸出援手，这自然是出于对秦老师本人的情谊和尊敬。哈尔滨工业大学能源科学与工程学院、碳中和能源技术研究所、宣传部、档案馆、人事处和哈尔滨锅炉厂有限责任公司、上海交通大学档案馆等相关部门也为资料的收集和查阅提供了便利，在这里一并致以最诚挚的感谢。

传记的内容也吸收借鉴了相关的研究成果，其中有：中国科协老科学家学术成长资料采集工程秦裕琨院士项目（项目资助编号：CJGC2016-G-Z-HLJ02）、黑龙江省教育科学规划专项重点课题"中国共产党百年奋斗历程中的工业现代化发展阶段和特色经验研究"（项目资助编号：GJE1422011）、中央高校基本科研业务费专项资金资助"扎根东北、爱国奉献、艰苦创业——哈工大"八百壮士"群体研究"（项目资助编号：HIT.HSS.HXJS202010）。

岁月不居，时节如流。开始为秦老师写传记时，我刚结婚不久，现在我的孩子也已上了小学。虽然传记早就写完了，但秦老师的故事仍在继续。作为新中国的第一代大学生、哈工大"八百壮士"杰出代表，秦老师以自己的实际行动和卓越成就，兑现了当初"为实现国家工业化而奋斗"的承诺。面向新时代的能源科学与技术，他始终深度参与学科的发展建设。

2022年10月16日，中国共产党第二十次全国代表大会在京召开。习近平总书记代表第十九届中央委员会向大会作报告。全程收看了大会直播的秦老师说，党的二十大报告强调，"深入推进能源革命,加强煤炭清洁高效利用,……加快规划建设新型能源体系,……积极参与应对气候变化全球治理"，作为一名老党员，我要带头响应党中央号召，牢记初心使命，继续立足主责主业，为实现第二个百年奋斗目标发挥光和热，努力为党和人民争取更大光荣。

2022年10月27日，碳中和能源技术研究所教工党支部进行了换届选举，秦老师当选新一届党支部书记。90岁高龄担任党支部书记，我不知道全国有多少，反正在哈工大肯定是第一位。当天，作为马克思主义学院形势与政策党支部书记，我有幸与秦老师签订了党支部共建协议，能够追随秦老师的步伐继续学习，我由衷地感到开心和自豪。

道阻且长，行则将至！如今，这位90岁的"大先生"仍然精力充沛、思维敏捷，经常和团队里的年轻人一起筹划未来。他不忘初心、壮心不已，兴致勃勃地构想着今后5年、10年乃至更长时期的计划，在科教报国的路上继续携梦前行！

吉 星

2022年11月